中等职业学校公共基础课程教材配套用书

数学

（拓展模块一）下册

同步学习指导

主　　编：李蕊芬
参编人员（排名不分先后）：
安炳宏　白亚丽　李庆霞　王淑娟
徐国华　赵玲梅　郑爱梅

SHUXUE TUOZHAN MOKUAI YI XIACE
TONGBU XUEXI ZHIDAO

北京师范大学出版集团
BEIJING NORMAL UNIVERSITY PUBLISHING GROUP
北京师范大学出版社

图书在版编目(CIP)数据

数学：拓展模块一．下．同步学习指导 / 李蕊芬主编．—北京：北京师范大学出版社，2023.1(2023.11重印)

ISBN 978-7-303-28588-4

Ⅰ．①数… Ⅱ．①李… Ⅲ．①数学课—中等专业学校—教学参考资料 Ⅳ．①G634.603

中国版本图书馆CIP数据核字(2022)第258656号

图书意见反馈 gaozhifk@bnupg.com 010-58805079

营销中心电话 010-58806880 58801876

出版发行：北京师范大学出版社 www.bnupg.com

北京市西城区新街口外大街12-3号

邮政编码：100088

印　　刷：三河市兴达印务有限公司

经　　销：全国新华书店

开　　本：889 mm×1194 mm 1/16

印　　张：9.5

字　　数：195千字

版　　次：2023年1月第1版

印　　次：2023年11月第4次印刷

定　　价：21.80元

策划编辑：余娟平 林 子　　责任编辑：余娟平

美术编辑：陈 涛 焦 丽　　装帧设计：陈 涛 焦 丽

责任校对：康 悦　　责任印制：马 洁

前言

《同步学习指导》是配套中等职业教育国家规划教材《数学》(北京师范大学出版社出版)使用的系列学习材料，对促进同学们的可持续发展具有重要意义，是数学课程的辅助资料。

《同步学习指导》中例题、习题尽量选择贴近中职学生实际生活、符合生产实践的应用情境，注重培养学生的数学学科核心素养，体现职业性、应用性和时代性特征。

本书知识框架与教材《数学(拓展模块一下册)》保持一致，由复数、排列组合、随机变量及其分布、统计四个单元构成。每单元由若干知识小节组成，每一小节练习都由“知识要点”“典型例题”“同步练习基础训练”“同步练习提高训练”“数学窗”栏目构成。每一节前面都有“知识要点”，旨在引导学生学会总结归纳，形成自己的知识架构，以备后用；然后通过借鉴思考学习“典型例题”的解答分析过程，掌握基本的解题方法与步骤，进而通过“同步练习基础训练”与“同步练习提高训练”，熟能生巧，触类旁通，掌握基本的解题方法和技巧，规范解题过程，提高运算能力和逻辑推理能力。在“数学窗”中我们可以领略到中外数学人物、数学发展史、数学文化或者数学在经济社会等各方面的应用。本书另外提供所有习题的参考答案、解析提示，或详解，或略解，给同学们提供参考。师生可从微信小程序“京师乐学课堂”搜索书名下载参考答案。

每个单元提供两套单元检测题[检测卷(水平一)和检测卷(水平二)]，另外分别提供两套期中检测卷和期末检测卷，分别为期中检测卷(水平一)、期中检测卷(水平二)、期末检测卷(水平一)和期末检测卷(水平二)。单元检测题和期中、期末检测卷用试卷形式单独排版装订，既可供课外学生自测使用，也可供教师在课堂上开展统一测试使用。

数学来源于生活，又服务于生活。数学素质是公民所必须具备的一种基本素质。数学教育是公民继续深造的基础，是终身发展的需要。希望同学们借助本书，掌握基本的数学知识、基本的解题思想和解题技能，学会用数学的思考方式去认识世界，解决问题，提升数学学科核心素养。

本书在编写过程中由于编者水平有限，难免有不妥之处，希望广大师生提出宝贵意见，我们将不断进行改进和提升，以便能更有效地帮助同学们。

编者

目　录

第 7 单元

复数

7.1 复数的概念

7.1.1 复数的有关概念

知识要点

1. 为了使方程 $x^2+1=0$ 有解，引进一个新数 i，使 i 是方程的根，即 $i^2=-1$，叫作________，并规定 i 具有如下性质：(1)i 的平方等于 -1，即 $i^2=-1$；(2)i 与实数进行四则运算时，原有的加法和乘法运算仍然成立。

2. 形如____________的数，叫作复数，其中 a 叫作复数的实部，b 叫作复数的虚部。

当 $b=0$ 时，复数 $a+0i$ 就是实数 a。

当 $b\neq 0$ 时，复数 $a+bi$ 叫作虚数。

当 $a=0$，$b\neq 0$ 时，复数 bi 叫作纯虚数。

3. 所有____组成的集合，叫作复数集，用 $\mathbf{C}$ 表示，即 $\mathbf{C}=\{z \mid z=a+bi,\ a,\ b\in \mathbf{R}\}$。

4. 如果两个复数 $a+bi(a,\ b\in\mathbf{R})$ 与 $c+di(c,\ d\in\mathbf{R})$ 的实数和虚部分别相等，那么称这两个复数相等，记作__________________________。

5. 如果两个复数的实部相等且虚部互为相反数，那么称这两个复数互为________，复数 $z=a+bi(a,\ b\in\mathbf{R})$ 的共轭复数用 $\overline{z}$ 来表示，即________。

典型例题

例 1　指出下列复数的实部和虚部，并判断它们是实数还是虚数。如果是虚数，是否是纯虚数？

(1)$z=2+3i$；　(2)$z=\frac{1}{5}i$；　(3)$z=3+\sqrt{2}$。

分析：对于复数 $a+bi(a,\ b\in\mathbf{R})$ $\begin{cases}\text{当且仅当 } b=0 \text{ 时，它是实数 } a, \\ \text{当且仅当 } a=b=0 \text{ 时，它是实数 } 0, \\ \text{当 } b\neq 0 \text{ 时，它是虚数 } a+bi, \\ \text{当 } a=0 \text{ 且 } b\neq 0 \text{ 时，它是纯虚数 } bi\text{。}\end{cases}$

解：(1)$z=2+3i$ 的实部是 2，虚部是 3；

(2)$z=\frac{1}{5}i$ 是纯虚数，实部是 0，虚部是$\frac{1}{5}$；

(3)$z=3+\sqrt{2}$ 是实数，实部是 $z=3+\sqrt{2}$，虚部是 0。

例 2 已知$(2x-1)+i=y-(3-y)i$，其中 x，y 是实数，求 x 和 y。

分析：由复数相等的定义可知，两个复数相等是指这两个复数的实部和虚部分别相等。

解：根据复数相等的定义，得方程组

$$\begin{cases}2x-1=y,\\1=-(3-y)。\end{cases}$$

解得$\begin{cases}x=\frac{5}{2},\\y=4。\end{cases}$

例 3 指出下列复数的共轭复数。

(1)$z_1=3+4i$； (2)$z_2=6i$； (3)$z_3=-\frac{3}{4}$。

分析：由共轭复数的定义可知，互为共轭复数的两个复数，它们的实部相等且虚部互为相反数。

解：根据共轭复数的定义，得

$$(1)\overline{z}_1=3-4i；(2)\overline{z}_2=-6i；(3)\overline{z}_3=-\frac{3}{4}。$$

同步练习基础训练

一、选择题

1. $5+7i$ 的实部和虚部分别是( )。

A. 5，7 B. 5，-7 C. 7，5 D. 5，$7i$

2. 若 $a+bi$ 是纯虚数，则 a，b 应满足( )。

A. $a=0$，$b\neq0$ B. $a=0$，$b=0$ C. $a\neq0$，$b\neq0$ D. $a\neq0$，$b=0$

3. 若 $2x-1+(y+1)i=x-y+(-x-y)i$，则 x，y 应满足( )。

A. $x=3$，$y=2$ B. $x=3$，$y=-2$

C. $x=-3$，$y=2$ D. $x=-3$，$y=-2$

4. $\frac{1}{2}-\pi i$ 的共轭复数是(　　)。

A. $\frac{1}{2}-\pi i$　　B. $\frac{1}{2}+\pi$　　C. $\frac{1}{2}+\pi i$　　D. $\frac{1}{2}+i$

二、填空题

5. 实数集 **R**、复数集 **C**、有理数集 **Q**、整数集 **Z**、自然数集 **N** 之间存在的关系是__________。

6. $z=m+1+(m^2-1)i$ 为实数，则实数 $m=$__________。

三、解答题

7. 实数 m 取什么数值时，复数 $z=m+1+(m-1)i$ 分别是：(1)实数；(2)虚数；(3)纯虚数。

8. 已知 x 是实数，y 是纯虚数，且满足 $2x-1+i=3+y$，求 x 和 y 的值。

同步练习提高训练

1. 已知全集为复数集 **C**，$S=\{$无理数$\}$，$P=\{$虚数$\}$，那么$(\complement_C \mathbf{Q})\cup(\complement_C P)$为(　　)。

A. S　　B. **C**　　C. **R**　　D. **Q**

2. 满足方程 $x^2-2x-3+(9y^2-6y+1)i=0$ 的实数对 (x, y) 表示的点的个数是(　　)。

A. 0　　B. 1　　C. 2　　D. 3

数学窗

图 7-1　卡丹

虚数的历史的真正开端是 16 世纪。意大利数学家卡丹(图 7-1)，在其著作《大术》中提出如下著名问题：将 10 分成两部分，使它们的乘积等于 40。在《大术》中，卡丹(图 7-1)给出了三次方程 $x^3+px=q$ 的求根公式：$\sqrt[3]{\frac{q}{2}+\sqrt{\left(\frac{q}{2}\right)^2+\left(\frac{p}{3}\right)^3}}+\sqrt[3]{\frac{q}{2}-\sqrt{\left(\frac{q}{2}\right)^2+\left(\frac{p}{3}\right)^3}}$。但在运用公式求解三次方程 $x^3=9x+10$ 时，卡丹和同时代另一位意大利数学家塔塔格里亚都束手

无策，因为这是“不可能”的情形：$\left(\frac{b}{2}\right)^2+\left(\frac{a}{2}\right)^3<0$ 今称“不可约”情形。[1]

7.1.2 复数的几何意义

知识要点

1. 复数 $z=a+bi(a, b\in \mathbf{R})$ 可以用平面直角坐标系内的点 $Z(a, b)$ 表示。这种通过建立平面直角坐标系来表示复数的平面叫作________，x 轴叫________，y 轴叫________。

2. 设 $Z(a, b)$，则向量 $\overrightarrow{OZ}$ 的模称为复数 $z=a+bi(a, b\in \mathbf{R})$ 的________，记作________，即 $|Z|=|a+bi|=\sqrt{a^2+b^2}$，其中 a，$b\in \mathbf{R}$。

典型例题

例 1 用复平面的点表示复数，分别求出它们的模，并比较它们的模的大小。

(1) $z_1=3-2i$；　(2) $z_2=-2$；　(3) $z_3=4i$。

分析： 在复平面内，复数 $z=a+bi(a, b\in \mathbf{R})$ 可以用平面直角坐标系内的点 $Z(a, b)$ 表示，由此，可以在复平面内找到复数对应的点。

解： 在复平面内作图，如图 7-2 所示。

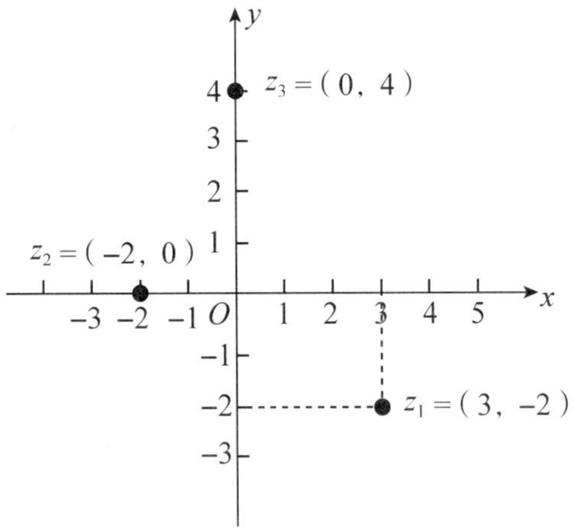

图 7-2

(1) $|z_1|=|3-2i|=\sqrt{3^2+(-2)^2}=\sqrt{13}$；

(2) $|z_2|=|-2|=\sqrt{(-2)^2}=2$；

---

[1] 汪晓勤，赵瑶瑶：《莱布尼茨与虚数》，载《湖南教育》，2006(24)。

(3) $|z_3|=|4\mathrm{i}|=\sqrt{(4)^2}=4$。

比较大小：$|z_3|>|z_1|>|z_2|$。

例 2　将复数 $z_1=3-2\mathrm{i}$，$z_2=2\mathrm{i}$，$z_3=-3$ 用向量表示。

分析： 在复平面内，复数 $z=a+b\mathrm{i}$ 可以用点 $Z(a, b)$ 表示，连接 $\overrightarrow{OZ}$ 就表示复数 $z=a+b\mathrm{i}$。

解： 在复平面内作图，如图 7-3 所示。

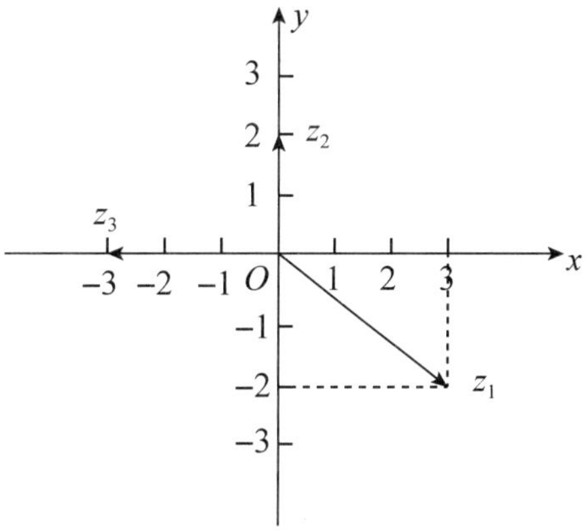

图 7-3

同步练习基础训练

一、选择题

1. 复数 $z=-4+7\mathrm{i}$ 对应的点所在的象限是(　　)。

A. 第一象限　　B. 第二象限　　C. 第三象限　　D. 第四象限

2. 复数 $z=3+4\mathrm{i}$ 的模为(　　)。

A. 3　　B. 4　　C. 5　　D. 7

3. 设 $z=a+b\mathrm{i}$，满足 $|z|=3$ 的点 $Z(a, b)$ 的集合表示的图形为(　　)。

A. 以 O 为圆心，3 为半径的圆　　B. 点(0，3)

C. 以 O 为圆心，3 为半径的椭圆　　D. 点(3，0)

4. 下列命题中，错误的是(　　)。

A. 复数的模总是非负数

B. 复数集与复平面内以原点为起点的所有向量组成的集合一一对应

C. 如果复数对应的点在第一象限，则与该复数对应的向量的终点也一定在第一象限

D. 相等的向量对应着相等的复数

二、填空题

5. 复数 z 满足 $(1+i)z=2i$，则 $|z|=$________。

6. 复数 $z=2-5i$ 的共轭复数对应的点所在的象限是________。

三、解答题

7. 写出图 7-4 中各点所表示的复数。

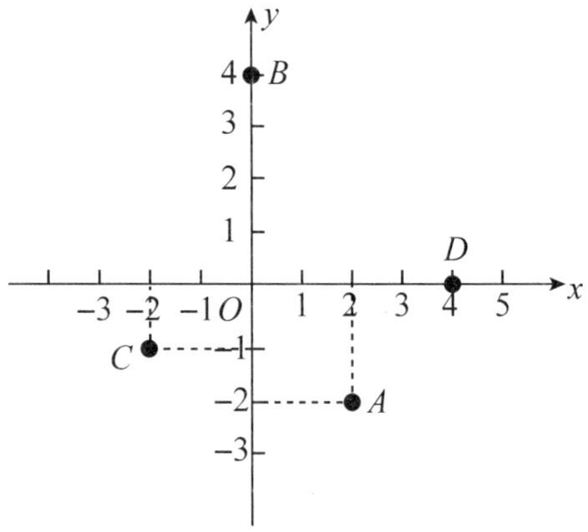

图 7-4

8. 已知 z 为纯虚数，且 $|z-1|=|-1+i|$，求复数 z。

同步练习提高训练

1. 设 $z=a+bi$ 和复平面内的点 $Z(a, b)$ 对应，求 a，b 必须满足什么条件，使点 Z 分别位于：(1)实轴上；(2)虚轴上；(3)上半平面(不包括实轴)；(4)右半平面(不包括虚轴)。

2. 求证：如果 $z=\overline{z}$，则 z 为一个实数。

数学窗

众所周知，复数的几何表示最终是由高斯(图7-5)完善的。高斯十分重视代数基本定理的证明，而代数基本定理的证明又依赖于对复数的承认，这就促使高斯去巩固复数的地位。1831年，高斯正式发表有关复数几何表示的论文。他不仅将复数表示为复平面上的一点，而且阐述了复数的几何与乘法．同时，为了区别 $a+bi$ 和 i，高斯首先提出了“复数”(complex number)这个名词。[1]

图7-5 高斯

7.2 复数的运算

7.2.1 复数的加法和减法

知识要点

1. 我们规定，两个复数 $z_1=a+bi(a, b\in\mathbf{R})$，$z_2=c+di(c, d\in\mathbf{R})$的和仍是一个复数，和的实部是这两个复数实部的和，和的虚部是这两个复数虚部的和，即 $(a+bi)+(c+di)=$__________。

2. 两个复数 $z_1=a+bi(a, b\in\mathbf{R})$，$z_2=c+di(c, d\in\mathbf{R})$的差仍是一个复数，差的实部是这两个复数实部的差，差的虚部是这两个复数虚部的差，即 $(a+bi)-(c+di)=$________。

3. 复数的加减法满足交换律和结合律，即对任意复数 z_1，z_2，z_3，有

(1)交换律：$z_1+z_2=z_2+z_1$，

(2)结合律：$(z_1+z_2)+z_3=z_1+(z_2+z_3)$。

[1] 邱勇，何小亚：《复数的历史与教学思考》，载《中学数学研究(华南师范大学版)》，2020(22)。

典型例题

例 1 计算$(3-2i)-(2-2i)+(5i+2)$的值。

分析：复数的加法和减法运算是将复数的实部与实部相加减，虚部与虚部相加减。

解：$(3-2i)-(2-2i)+(5i+2)$

$=3-2i-2+2i+5i+2=(3-2+2)+(5i+2i-2i)=3+5i$。

同步练习基础训练

一、选择题

1. 已知 $z_1=5-2i$，$z_2=-4+3i$，则 $z_1+z_2=$(　　)。

A. $1+5i$　　B. $9+i$　　C. $1-i$　　D. $1+i$

2. 两个互为共轭复数的差是(　　)。

A. 复数　　B. 实数　　C. 纯虚数或 0　　D. 纯虚数

3. 已知 $z_1=2+i$，$z_2=1-i$，则复数 $z=z_2-z_1$ 对应的点位于(　　)。

A. 第一象限　　B. 第二象限　　C. 第三象限　　D. 第四象限

4. 设 $f(z)=z-2i$，$z_1=3+4i$，$z_2=-2-i$，则 $f(z_1-z_2)=$(　　)。

A. $5-3i$　　B. $5+3i$　　C. $1-5i$　　D. $-2-i$

二、填空题

5. 若复数 z 满足 $z+(3+4i)=1$，则 z 的虚部是________。

6. 若复数 $z_1=a-i$，$z_2=-4-bi$，$z_1-z_2=6+i$，$z_1+z_2+z_3=1$，其中 a，$b\in\mathbf{R}$，则 $z_3=$________。

三、解答题

7. 已知复数 $z_1=(a^2-2)+(a-4)i$，$z_2=a-(a^2-2)i$，其中 $a\in\mathbf{R}$ 且 z_1-z_2 为纯虚数，试计算 a 的值。

8. 证明复数的加法满足结合律。

同步练习提高训练

1. 若复平面上的平行四边形 $ABCD$ 中，$\overrightarrow{AC}$ 对应的复数是 $6+8\mathrm{i}$，$\overrightarrow{BD}$ 对应的复数是 $-4+6\mathrm{i}$，则 $\overrightarrow{DA}$ 对应的复数是________。

2. 已知复数 z 满足 $z+|z|=2+8\mathrm{i}$，求 $|z|^2$。

数学窗

17 世纪法国数学家笛卡儿(图 7-6)的《几何学》是第一个被发表的解析几何文献，是笛卡儿从事具体数学研究的结晶，也是他唯一进行数学研究的著作。笛卡儿在《几何学》中给复数的平方根取了一个不幸的名字——“虚数”，意指“想象中的数”“虚无缥缈的数”，似乎蒙着一层神秘的面纱。[1]

图 7-6　笛卡儿

7.2.2　复数的乘法

知识要点

1. 设两个复数：$z_1=a+b\mathrm{i}(a, b\in\mathbf{R})$，$z_2=c+d\mathrm{i}(c, d\in\mathbf{R})$，则复数的乘法运算法则：$(a+b\mathrm{i})(c+d\mathrm{i})=$__________。

2. 复数的乘法运算满足交换律、结合律和分配律，即对任意复数 z_1，z_2，z_3，有

(1)交换律：$z_1z_2=z_2z_1$，

(2)结合律：$(z_1z_2)z_3=z_1(z_2z_3)$，

(3)分配律：$z_1(z_2+z_3)=z_1z_2+z_1z_3$。

3. 复数的正指数幂的运算法则：对任意复数 z，z_1，z_2 和正整数 m，n，有

(1)$z^mz^n=z^{m+n}$，

(2)$(z^m)^n=z^{mn}$，

[1] 赵发燕：《笛卡儿〈几何学〉的若干问题研究》，硕士学位论文，山西师范大学，2013。

(3) $(z_1z_2)^m=z_1^m z_2^m$。

4. 一般地，对于任意自然数 n，有

$i^{4n}=1$，$i^{4n+1}=i$，$i^{4n+2}=-1$，$i^{4n+3}=-i$。

典型例题

例 计算$(3-2i)(7-2i)(1+2i)$的值。

分析： 利用复数的乘法法则$(a+bi)(c+di)=(ac-bd)+(ad+bc)i$直接求解。

解： $(3-2i)(7-2i)(1+2i)=[(21-4)+(-6-14)i](1+2i)$

$=(17-20i)(1+2i)=(17+40)+(34-20)i=57+14i$。

同步练习基础训练

一、选择题

1. 已知 $z_1=3+2i$，$z_2=3-2i$，则 $z_1z_2=$(　　)。

A. 13　　B. 9　　C. 4　　D. -13

2. 设复数z_1,z_2 在复平面内的对应点关于虚轴对称，若$z_1=2+i$，则$z_1z_2=$(　　)。

A. 5　　B. -5　　C. -4　　D. -3

3. 已知 $z_1=3+i$，$z_2=1-i$，则 z_1z_2 在复平面内的对应点位于(　　)。

A. 第一象限　　B. 第二象限　　C. 第三象限　　D. 第四象限

4. 复数$i^3(1+i)^2=$(　　)。

A. 2　　B. -2　　C. $2i$　　D. $-2i$

二、填空题

5. $(1+2i)(3+4i)(-2+i)=$________。

6. $(2+i)^2=$________。

7. 设 a，b 为实数，若复数$(1+i)(a+bi)=1+2i$，则 $a=$________，$b=$________。

三、解答题

8. 已知$(a-i)^2=2i$，其中 i 是虚数单位，试计算实数 a 的值。

同步练习提高训练

1. 设 $\omega=-\frac{1}{2}+\frac{\sqrt{3}}{2}\mathrm{i}$，计算 ω^2，ω^3，ω^n 的值。

2. 计算 $3\left(\cos\frac{\pi}{3}+\mathrm{i}\sin\frac{\pi}{3}\right)\times3\left(\cos\frac{\pi}{6}+\mathrm{i}\sin\frac{\pi}{6}\right)$。

数学窗

1845 年，库默尔(图 7-7)提出了"理想复数"这一观点，并凭借此观点对下面问题的研究迈出了巨大一步，该问题为：在分圆整数环上，因数分解唯一性一般不成立。这个被韦伊称为"巨大一步"的事件，标志着数字理论的发展。[1]

图 7-7　库默尔

7.3 复数范围内实系数一元二次方程的解法

知识要点

1. 实系数一元二次方程 $ax^2+bx+c=0(a\neq0)$ 在复数范围内的两个解为 $x_{1,2}=$________ $(b^2-4ac<0)$。实系数一元二次方程的复数解是一对共轭复数，且满足 $x_1+x_2=-\frac{b}{a}$，$x_1x_2=\frac{c}{a}$。

[1] 刘培杰，张佳：《库默尔定理——从一道 IMO 预选题谈起》，载《中等数学》，2017(09)。

典型例题

例 1 在复数集 **C** 中，解方程 $x^3-1=0$。

分析：实系数一元二次方程 $ax^2+bx+c=0(a\neq0)$ 在复数范围内的两个解为 $x_{1,2}=\frac{-b\pm\sqrt{4ac-b^2}\,\mathrm{i}}{2a}(b^2-4ac<0)$。

解：$x^3-1=(x-1)(x^2+x+1)=0$，

有 $x-1=0$ 或 $x^2+x+1=0$，

解得 $x_1=1$，$x_{2,3}=\frac{-1\pm\sqrt{3}\,\mathrm{i}}{2}$。

则方程的解为

$x_1=1$，$x_2=\frac{-1+\sqrt{3}\,\mathrm{i}}{2}$，$x_3=\frac{-1-\sqrt{3}\,\mathrm{i}}{2}$。

例 2 已知实系数一元二次方程 $x^2+bx+c=0$ 的一个根是 $3-4\mathrm{i}$，求另一个根以及 b，c。

分析：$\Delta<0$ 时，实系数一元二次方程的复数解是一对共轭复数，且满足 $x_1+x_2=-\frac{b}{a}$，$x_1x_2=\frac{c}{a}$。

解：$x^2+bx+c=0$ 的一个根是 $3-4\mathrm{i}$，则 $\Delta<0$，因此原方程的另一个根是 $3+4\mathrm{i}$。由根与系数的关系可得

$b=-(x_1+x_2)=-[(3-4\mathrm{i})+(3+4\mathrm{i})]=-6$，

$c=x_1x_2=(3-4\mathrm{i})(3+4\mathrm{i})=25$。

因此原方程的另一个根是 $3+4\mathrm{i}$，$b=-6$，$c=25$。

同步练习基础训练

一、选择题

1. 复数范围方程 $x^2+2x+10=0$ 的解是(　　)。

A. $x_{1,2}=-1\pm3\mathrm{i}$　　B. $x_{1,2}=1\pm3\mathrm{i}$　　C. $x_{1,2}=1\pm\mathrm{i}$　　D. $x_{1,2}=-1\pm\mathrm{i}$

2. 已知 z_1，z_2 是方程 $x^2+x+1=0$ 在复数范围内的两个解，则(　　)。

A. $|z_1-z_2|=\sqrt{2}$　　B. $|z_1|=\sqrt{2}$　　C. $z_1+z_2=1$　　D. $z_1z_2=1$

3. 已知 x_1，x_2 是方程 $ax^2+bx+1=0(a\neq0)$ 在复数范围内的两个解，则下列成立的

是(　　)。

A. x_1，x_2 是实数

B. $\Delta=b^2-4ac\geqslant 0$

C. $x_1+x_2=-\frac{b}{a}$，$x_1x_2=\frac{c}{a}$

D. $|x_1-x_2|=\sqrt{(x_1+x_2)^2-4x_1x_2}$

4. 下列命题中是真命题的有(　　)。

①在复数范围内，方程 $ax^2+bx+c=0(a，b，c\in\mathbf{R}，a\neq 0)$总有两个根。

②若 $1+2\mathrm{i}$ 是方程 $x^2+bx+c=0$ 的一个根，则这个方程的另一根是 $1-2\mathrm{i}$。

③若方程 $x^2+bx+c=0$ 有两个共轭虚根，则 $b，c\in\mathbf{R}$。

A. ①②　　B. ①③　　C. ②③　　D. ③

二、填空题

5. 方程$(x+1)(x+3)+2=0$ 在复数集中的解是________。

6. 实系数一元二次方程 $ax^2+bx+c=0(a\neq 0)$的复数解是一对共轭复数，且两个解 x_1，x_2 满足 $x_1+x_2=$________，$x_1x_2=$________。

三、解答题

7. 已知方程 $x^2+4x+c=0(c\in\mathbf{R})$的一个根为 $x_1=-2+3\mathrm{i}$，求 c 的值及方程的另一个根。

8. 若方程 $x^2+(m+2\mathrm{i})x+(2+m\mathrm{i})=0$ 至少有一个实数根，试求实数 m 的值。

同步练习提高训练

1. 在复数集内解方程 $x^2-\mathrm{i}x+\mathrm{i}-1=0$。

2. 在复数范围内分解因式 $2x^2+2x+3$。

数学窗

莱布尼茨(图 7-8)在数学方面的成就是巨大的，他的研究及成果渗透到高等数学的许多领域。他的一系列重要数学理论的提出，为后来的数学理论奠定了基础。莱布尼茨曾讨论过负数和复数的性质，得出“复数的对数并不存在，共轭复数的和是实数”的结论。在后来的研究中，莱布尼茨证明了自己的结论是正确的。[1]

图 7-8 莱布尼茨

[1] 胡博:《数学家莱布尼茨的故事》，载《考试(高中理科)》，2014(11)。

第 8 单元
排列组合

8.1 计数原理

8.1.1　分类计数原理

知识要点

分类计数原理：完成一件事，有 n 类办法，在第 1 类办法中有 m_1 种不同的方法，在第 2 类办法中有 m_2 种不同的方法……在第 n 类办法中有 m_n 种不同的方法，那么完成这件事共有 $N=m_1+m_2+\cdots+m_n$ 种不同的方法。

典型例题

例　三个袋子里分别装有 9 个红色球、8 个蓝色球和 10 个白色球。任取出一个球，共有多少种取法？

解： 取出一个球，可能是红色球、蓝色球或白色球。

第一类：取红色球，从 9 个红色球中任意取出一个，有 9 种方法；

第二类：取蓝色球，从 8 个蓝色球中任意取出一个，有 8 种方法；

第三类：取白色球，从 10 个白色球中任意取出一个，有 10 种方法。

由分类计数原理知，不同的取法共有 $N=9+8+10=27$(种)。

同步练习基础训练

一、选择题

1. 从甲地出发前往乙地，一天中有 4 趟汽车、3 趟火车和 1 趟航班可供选择。某人某天要从甲地出发去乙地旅游，则不同走法共有(　　)种。

A. 16　　B. 15　　C. 12　　D. 8

2. 书架上有 1 本语文书、3 本不同的数学书和 4 本不同的物理书，某名学生从中任取 1 本，则不同的取法共有(　　)种。

A. 8　　B. 7　　C. 12　　D. 5

3. 某班有男生 13 人、女生 17 人，从中选 1 名学生为数学课代表，则共有(　　)种选法。

A. 30　　B. 17　　C. 221　　D. 13

4. 解 1 道数学题有三种方法，有 3 个人只会用第一种方法，有 4 个人只会用第二种方法，有 3 个人只会用第三种方法，从这 10 个人中选 1 个人来解这道题目，则共有(　　)种解法。

A. 10　　B. 21　　C. 24　　D. 36

二、填空题

5. 书架上有 7 本不同的数学书、6 本不同的语文书和 4 本不同的英语书。如果从书架上任取一本，共有________种不同取法。

6. 某班的学生分为三个小组，甲组有 10 人，乙组有 11 人，丙组有 9 人。要选派 1 人参加学校的技能竞赛活动，有________种不同的方法。

三、解答题

7. 书架的第一层放 4 本不同的计算机书，第二层放 3 本不同的文艺书，第三层放 2 本不同的体育书，从书架的第一、第二、第三层任取一本书共有多少种不同的取法？

8. 某兴趣小组由一班 7 人、二班 10 人、三班 8 人组成，选其中一名学生为负责人，有多少种不同选法？

同步练习提高训练

1. 完成一项工作有 2 种方法，有 5 个人只会用第 1 种方法，另外 4 个人只会用第 2 种方法，从这 9 个人中选 1 人完成这项工作，共有多少种选法？

2. 在填写高考志愿表时，一名高中毕业生了解到 A，B 两所大学各有一些自己感兴趣的强项专业，如表 8-1 所示。

表 8-1

A 大学	B 大学
生物学	数学
化学	会计学
医学	信息技术学
物理学	法学
工程学	

如果这名学生只能选一个专业，那么他共有多少种选择？

数学窗

“因为”“所以”符号的由来

在数学的一些推理过程中，经常会出现论据“因为”和结论“所以”，数学家们为了简洁明了地表达这一逻辑推理，创造了“因为”符号“∵”和“所以”符号“∴”。

“∴”(所以)是瑞士数学家约翰·雷恩(Johann Rahn)首先使用的，他在 1659 年出版的一本代数书中以“∴”及“∵”两种符号表示“所以”，其中以“∴”用得较多。

英国 1805 年出版的《大众数学手册》(*Gentleman's Mathematical Companion*)里，首次以“∵”表示“因为”，但没有流行开来。到 1827 年，由剑桥大学出版的欧几里得《几何原本》中，分别以“∵”表示“因为”，以“∴”表示“所以”。此后，该用法日渐流行，且沿用至今。

我国数学家李善兰翻译西方数学书时，也原封不动地使用“∵”“∴”，这是译书中最先直接使用原文符号的例子。

8.1.2　分步计数原理

知识要点

完成一件事，需要分成 n 个步骤，做第 1 步有 m_1 种不同的方法，做第 2 步有 m_2 种不同的方法……做第 n 步有 m_n 种不同的方法，那么完成这件事共有 $N=m_1\times m_1\times\cdots\times m_n$ 种不同的方法。

典型例题

例　如图 8-1 所示，小明从街道的 E 处出发，先到 F 处与小红汇合，再一起到位于 M 处的老年公寓参加志愿者活动，则小明到老年公寓可以选择的最短路径条数为(　　)。

图 8-1

A. 24　　B. 18

C. 12　　D. 9

分析：到达目的地小明需要两步完成。

第 1 步，小明从街道的 E 处出发到 F 处，要经过两次向右，两次向上，共 4 条线段，6 种走法；第 2 步，小明从 F 到 M 要经过两次向右，一次向上，3 种走法。

由分步计数原理可知，小明可以选择的最短路径条数为 $6\times3=18$。选 B。

同步练习基础训练

一、选择题

1. 在学校举行的读书月活动中，有 10 本不同的科幻书、10 本不同的科技书和 10 本不同的侦探小说，若要从这三类书中各选一本，则有(　　)种不同的选法。

A. 10　　B. 20　　C. 10^3　　D. 30

2. 在平面直角坐标系内，横坐标与纵坐标均在 $A=\{0,1,2,3,4,5\}$ 内取值的不同点共有(　　)个。

A. 6　　B. 36　　C. 12　　D. 30

3. 将数字 2，4，6 进行排列组合，可以组成(　　)个没有重复数字的三位数。

A. 6　　B. 5　　C. 9　　D. 27

4. 一种号码锁有 4 个拨号盘，每个拨号盘上有 0～9 共 10 个数字，现最后一个拨号盘出现了故障，只能在 0～5 这 6 个数字中拨号，这 4 个拨号盘可组成(　　)个四位数字号码。

A. 180　　B. 600　　C. 6 000　　D. 36

二、填空题

5. 把 5 名实习生分到 4 个车间实习，共有________种不同分法。

6. 一个口袋里装有 5 个小球，另一个口袋中装有 6 个小球，所有小球颜色不同，从两个袋子中分别取 1 个小球，共有________种不同取法。

三、解答题

7. 某校要举行迎新晚会，学校要从宣传小组的 5 名成员中选出 3 名，分别负责布置教室、物品采购和节目彩排这 3 个任务，共有多少种不同的选择方法？

8. 用 1，5，9，13 中的任意一个数作分子，4，8，12，16 中的任意一个数作分母，可构成多少个不同的分数？

同步练习提高训练

1. 如图 8-2 所示，从甲地到乙地有 2 条路，从乙地到丁地有 3 条路；从甲地到丙地有 4 条路，从丙地到丁地有 2 条路，则从甲地到丁地共有多少条不同的路线？

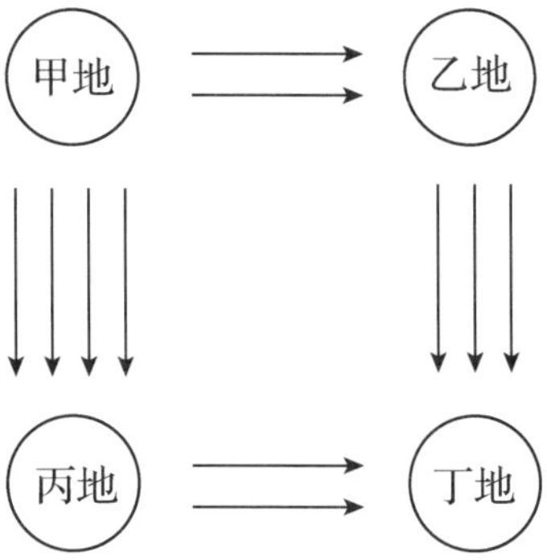

图 8-2

2. 在国庆长假期间，要从 7 人中选若干人在 7 天假期值班(每天只需 1 人值班)，若不出现同一人连续值班 2 天的情况，有多少种可能的安排方法？

数学窗

宋代是中国科学技术发展的一个黄金时期，而沈括(图 8-3)正是这个时代最为杰出的科学家。1979 年 7 月 1 日，为了纪念沈括，中国科学院紫金山天文台将该台在 1964 年 11 月 9 日发现的一颗小行星 2027 号命名为“沈括星”。沈括提出了“棋局都数”的意义，主要在于构造指数为自然数 n 平方的幂级数数列 $\{3^{n^2}\}$，使人们认识到指数以平方增长，数列便迅猛扩张，立即达到无法掌控的境地。[1]

图 8-3 沈括

[1] 罗见今：《沈括〈梦溪笔谈〉中计数成就探析》，载《咸阳师范学院学报》，2017，32(04)。

8.2 排列

8.2.1　排列问题

知识要点

1. 排列：从 n 个不同元素中任取 $m(m\leqslant n)$ 个元素，按照一定的顺序排成一列，叫作从 n 个不同元素中任取 m 个元素的一个排列。

2. 排列问题：研究从 n 个不同元素中任取 $m(m\leqslant n)$ 个元素的所有排列的个数，这类计数问题叫作排列问题。“不同元素”和“按一定顺序排列”是判断一个问题是否是排列问题的关键。

3. 全排列是________元素取出的排列，选排列是________元素取出的排列。(填“全部”或“部分”)

4. 排列与顺序有关，如果两个排列相同，不仅这两个排列的________必须相同，而且排列的________也必须完全相同。(填“元素”或“顺序”)

典型例题

例 1　一个汽车站有 6 个出口，则停放 3 辆不同车次的汽车有多少种不同的停放方法？(假设每个出口只能停放 1 辆汽车)

分析：完成这件事，可以分成三步进行。

第 1 步，安排第 1 辆汽车停车，可以选择 6 个出口中的任何一个，共有 6 种不同的选择；

第 2 步，安排第 2 辆汽车停车，因为第 1 辆汽车已经选了一个出口，所以第 2 辆汽车只能从剩下的 5 个出口选择一个出口，共有 5 个不同的选择；

第 3 步，安排第 3 辆汽车停车，因为已经有两辆汽车选了两个出口，所以第 3 辆汽车只能从剩下的 4 个出口选择一个出口，共有 4 个不同的选择。

根据分步计数原理，共有 $6\times5\times4$ 种不同的停放方法。

解：根据分步计数原理得 $N=6\times5\times4=120$，即共有 120 种不同的停放方法。

例 2　用 1，2，3，4，5 可以组成多少个没有重复数字的三位偶数？

分析：组成一个三位偶数可以分为三个步骤进行。

第 1 步，确定个位上的数字，因为是三位偶数，所以个位只能从 2，4 这两个数字中任意选取 1 个，有 2 种不同的选择；

第 2 步，确定十位上的数字，因为个位上的数字已确定，而各个位置上的数字不能重复，所以十位上的数字只能从余下的 4 个数字中任意选取 1 个，有 4 种不同的选择；

第 3 步，确定百位上的数字，因为个位、十位上的数字都已确定，而各个位置上的数字不能重复，所以百位上的数字只能从余下的 3 个数字中任意选取 1 个，有 3 种不同的选择。

根据分步计数原理，共有 $2\times4\times3$ 个三位偶数。

解： 根据分步计数原理得 $N=2\times4\times3=24$，即共有 24 个没有重复数字的三位偶数。

【学习宝典】 排列问题与位置有关，调换题设中元素的位置看结论是否受影响，受影响就是排列问题。

同步练习基础训练

一、选择题

1. 用 0，1，2，3，4，5 组成没有重复数字的两位数，共有(　　)个。

A. 15　　B. 20　　C. 25　　D. 30

2. 下列问题是排列问题的是(　　)。

①从 2，3，4，5 四个数中，任选两个数做乘法，有多少个不同的结果？

②从 2，3，4，5 四个数中，任选两个数做除法，有多少个不同的结果？

③烹饪小组有 10 个菜品，要求选出两个菜品进行比赛有多少种选法？

④会场有 20 个座位，要求选出 3 个座位安排 3 位客人入座，有多少种选法？

A. ①②　　B. ③④　　C. ①③　　D. ②④

二、填空题

3. 从 9 人中选派 2 人参加 2 个不同学校的演讲比赛，有________种不同的选派方法。

4. 艺术系这学期要从美术、音乐、舞蹈这 3 门课中任选两门，让甲、乙两人选修，共有________种不同的选择方法。

5. 用 3，4，5，6，7 可以组成________个没有重复数字的四位奇数。

6. 用 0，1，2，3 四个数字可以组成________个没有重复数字的三位数。

三、解答题

7. 写出 a，b，c 构成的全排列，并指出有多少种排列方法。

8. 写出从 2，5，8，9 中任取两个不重复的数字组成的所有的两位数。

9. 5 名学生排成一排照相，有多少种不同的排法？

同步练习提高训练

1. 从 2，3，7 三个数中任选两个数：①做加法；②做减法；③一个做指数的底数，一个做指数的幂指数；④一个做被开方数，一个做根指数。上述问题是排列问题的是(　　)。

A. ①②　　B. ②③④　　C. ①③④　　D. ②④

2. 从 5 个学校中任选 3 个学校，分别让甲、乙、丙 3 名学生去实习，共有多少种不同的分配方法？

数学窗

排列的历史可以追溯到殷周之际的占卜术，比较完整的文字记载则见于《易经》。“易”含变化的意思，书中称：“易有太极，是生两仪，两仪生四象，四象生八卦。”“两仪”可用两种基本符号阳爻⚊和阴爻⚋表示，每次取两个，就有 2^2 种不同的排列，称为“四象”，即太阳、少阴、少阳、太阴；每次取三个，共有 2^3 种不同的排列，称为“八卦”，即乾☰、兑☱、离☲、震☳、巽☴、坎☵、艮☶、坤☷；若每次取六个，则可得 2^6 种不同的排列，叫作“六十四卦”. 这是一种特殊的排列问题，即从 n 种事物中每次取 r 件而允许重复的排列数，答案

应是 n^r。古代没有指数概念，对于很大的 r 来说，求出答数并非易事。

中国传统的“干支历”在商代已普遍使用，干支计数与五行循环理论包含着丰富的排列思想。把 10 个“天干”与 12 个“地支”有序排列为“甲子，乙丑，……甲戌，乙亥，……壬戌，癸亥”，周而复始，成一循环，即从两个有序集中有序选取元素，依次以奇数对奇数，偶数对偶数的约束条件构成一组，共形成 60 组。

8.2.2 排列数公式

知识要点

1. 排列数公式：

$A_n^m=$________________________。

公式特点：(1)公式右边第一个因数是________；

(2)后面每个因数都比前一个因数少________；

(3)共有________个因数相乘；

(4)最后一个因数是__________。

2. 全排列公式：$A_n^n=$______________。

3. n 的阶乘：正整数 1 到 n 的连乘积，用________表示，即 $A_n^n=$________。

4. 规定 $0!=$________。

5. 排列数公式还可以写成：$A_n^m=\dfrac{n!}{(n-m)!}$。

典型例题

例 1 若 $nA_n^3=3A_n^2$，求 n。

分析： 利用公式 $A_n^m=n(n-1)(n-2)\cdots(n-m+1)$计算。

解： 由题意得 $n\cdot n(n-1)(n-2)=3n(n-1)$，

整理得 $n^2-2n-3=0$，

解得 $n=3$ 或 $n=-1$(舍去)。

因此 $n=3$。

例 2 4 男 3 女站成一排照相，

(1)共有多少种不同的排法？

(2)如果甲必须站在正中间，有多少种不同的排法？

(3)甲、乙二人必须相邻的排法共有多少种?

(4)三名女生互不相邻，有多少种不同的排法?

分析：(1)问题可以看作 7 个人的全排列。

(2)问题中甲的位置已经固定，只需将其余 6 人安排站在甲两侧的 6 个位置，即余下的 6 个元素全排列即可。

(3)甲、乙必须相邻，可以把甲、乙“捆在”一起，作为一个元素，与其余的 5 个元素一起进行全排列，有 A_6^6 种方法；再把甲、乙进行全排列，有 A_2^2 种方法。

(4)先将 4 个男的排好有 A_4^4 种方法，此时他们产生了 5 个空格，再把 3 女插入这 5 个空格处，有 A_5^3 种方法。

解：(1)$A_7^7=7\times6\times5\times4\times3\times2\times1=5\ 040$。

(2)$A_6^6=6\times5\times4\times3\times2\times1=720$。

(3)由分步计数原理，共有 $A_6^6A_2^2=1\ 440$ 种不同的排法。

(4)由分步计数原理，共有 $A_4^4A_5^3=1\ 440$ 种不同的排法。

【学习宝典】 对于相邻问题，常用“捆绑法”；对于不相邻问题，常用“插空法”。

同步练习基础训练

一、选择题

1. $A_{10}^4=$(　　)。

A. 10×4　　B. $10\times9\times8\times4$　　C. $10\times9\times8\times7$　　D. $4\times3\times2\times1$

2. $15\times14\times13\times\cdots\times9\times8\times7=$(　　)。

A. A_{15}^8　　B. A_{15}^9　　C. A_{15}^{10}　　D. A_{15}^{11}

3. 若 $A_m^5=2A_m^3$，则 m 的值为(　　)。

A. 5　　B. 3　　C. 6　　D. 7

二、填空题

4. 6 个好友(其中只有 1 名女生)站成一排照像留念，若女生不站在两端，则不同的排法有________种。

5. 7 名学生站一排，甲、乙、丙三人必须在一起，则不同的排法有________种。

6. 某班新年联欢会原定的 5 个节目已排成节目单，开演前又增加了两个新节目，如果将这两个节目插入原节目单中，那么不同插法的种数为________。

7. 由 0，1，2，3，4 这 5 个数字可以组成无重复数字的四位偶数________个。

8. A，B，C，D，E 5 个人并排站成一列，若 A 在 B 左边，则有________种不同的排法。

三、解答题

9. 5 个人排成一排，其中甲、乙两人至少有一人在两端的排法共有多少种？

10. 6 名短跑运动员在某次 100 m 比赛中的成绩互不相同，其中甲的成绩比乙好，乙的成绩比丙好，这 6 名运动员的成绩排名共有多少种可能结果？

同步练习提高训练

1. 有 5 张卡片的正反面分别写有 0 与 1，2 与 3，4 与 5，6 与 7，8 与 9，将其中任三张并排组成三位数，可以组成多少个不重复的三位数？

2. 1 到 7 这 7 个自然数组成一个没有重复数字的七位数，其中奇数不相邻的有多少个？

数学窗

唐代张遂(683—727)、宋代沈括(1031—1095)都曾计算过棋局都数，即围棋盘(图 8-4)上所有可能的不同布局的总数，这相当于从事物(黑子、白子、空位)中每次取出 361 个(围棋盘的格点数)的排列数，与《易经》中的卦象数目是同一类数学问题，沈括在《梦溪笔谈》中详细地记述了计算棋局都数的理论根据和过程。

图 8-4 围棋

8.3　组合

8.3.1　组合问题

知识要点

1. 组合：从 n 个不同元素中任取 $m(m\leqslant n)$ 个元素组成一组，叫作从 n 个不同元素中取出 m 个元素的一个组合。

2. 组合问题：研究从 n 个不同元素中任取 $m(m\leqslant n)$ 个元素的所有组合的个数，这类计数问题叫作组合问题。组合问题的特点是结果与________无关。

3. 排列与组合不同：排列不仅与元素有关，而且与元素的顺序有关；而组合只与元素有关，与元素的顺序无关。

典型例题

例 1　下列问题中属于组合问题的是(　　)。

①从 2，3，5，8 四个数中，任选两个做乘法，有多少个不同的结果？

②针对北京、上海、广州 3 个地方的民航之间的直达航线，需要准备多少种不同的机票？

③8 个朋友聚会，每两人握手一次，一共握手多少次？

④从 5 位候选人中选出正、副班长各一名，共有多少种选法？

A. ①②　　　　B. ③④　　　　C. ①③　　　　D. ②④

分析：排列不仅与元素有关，而且与元素的顺序有关，而组合只与元素有关，与元素的顺序无关。①③与顺序无关，属于组合问题，②④与顺序有关，属于排列问题。选 C。

例 2　写出集合 $A=\{1，2，3，4，5，6\}$ 的含有 2 个元素的所有子集。

分析：含有 2 个元素的集合，集合中的元素与顺序无关，集合 $\{1，2\}$ 与 $\{2，1\}$ 属于同一集合。

解：集合 $A=\{1，2，3，4，5\}$ 的含有 2 个元素的所有子集有：

$\{1，2\}$，$\{1，3\}$，$\{1，4\}$，$\{1，5\}$，$\{2，3\}$，$\{2，4\}$，$\{2，5\}$，$\{3，4\}$，$\{3，5\}$，$\{4，5\}$。

【学习宝典】　只要两个组合的元素相同，则为相同的两个组合；只有当两个组合中的元素不完全相同时，才是不相同的组合。

同步练习基础训练

一、选择题

1. 从甲、乙、丙、丁 4 人中选两人去参加比赛，共有(　　)种不同的选法。

A. 3　　B. 4　　C. 6　　D. 12

2. 圆周上有 6 个不同的点，任意 3 点不共线，由这些点确定的三角形共有(　　)个。

A. 20　　B. 21　　C. 14　　D. 15

3. 5 名学生进行羽毛球比赛，每两人都要打一场比赛，则共需进行(　　)场比赛。

A. 7　　B. 8　　C. 9　　D. 10

二、填空题

4. 从这 7 个数 2，3，4，5，7，8，9 中任取 2 个数，使它们的积是奇数，共有______种不同的选取方法。

5. 从羽毛球、乒乓球、游泳、健美操、排球 5 门课程中选修 2 门，共有______种不同的选法。

6. 从 1，2，3，4，5，6 这 6 个数字中，任取 2 个相减，可得到______个不同的差。

7. 平面内有 8 个点，由这些点确定的线段共有______条。

8. 集合 $A=\{a, b, c, d, e, f\}$ 的子集中，含有 3 个元素的集合有______个。

三、解答题

9. 从甲、乙、丙、丁这 4 名学生中，任取 2 名去担任防疫志愿者，写出所有的选法。

10. 7 名学生参加乒乓球擂台赛，每两人都要打一场比赛，则需进行多少场比赛？

同步练习提高训练

1. 已知集合 $A=\{-2, 3, 4\}$，集合 $B=\{-1, 5, 6, -8\}$，从这两个集合中各取一个元素作为平面直角坐标系中一个点的坐标，其中在第一、第二象限内不同的点的坐标有哪些？

2. 把 3 个相同的小球放入 5 个形状不同的盒子里，每个盒子里最多只能放入一球，有多少种不同的放法？

数学窗

组合学

组合学简称组态的数学分支，也称组合数学，它研究的是满足各种附加条件的有限个对象的集合。组合学所研究的问题有：计数问题，存在性问题，枚举、构造和算法问题，最优化问题等。组合学分为图论、组合计数、组合设计、组合最优化和组合几何(图 8-5)等。

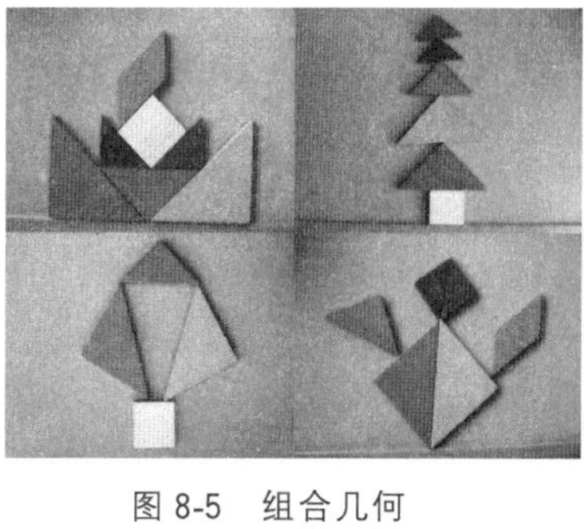

图 8-5　组合几何

组合学与其他数学分支一样也有其独特的研究问题与方法，它源于人们对于客观世界中存在的数与形及其关系的发现和认识。例如，中国古代的《易经》中用 10 个天干和 12 个地支，以 60 为周期来记载月和年，以及在洛书河图中关于幻方的记载，是人们至今所了解的最早发现的组合问题。

8.3.2 组合数公式

知识要点

1. 组合数公式：

$$C_n^m=\frac{A_n^m}{A_m^m}=\frac{n(n-1)(n-2)\cdots(n-m+1)}{m!},$$

$$C_n^m=\frac{A_n^m}{A_m^m}=\frac{n!}{m!\ (n-m)!}。$$

2. 规定：$C_n^0=$________，

$C_n^n=$______。

典型例题

例 1 从 4 面不同的红旗子和 3 面不同的黄旗子中任取 3 面旗子送给一位小朋友。

(1)不同的取法有多少种?

(2)若其中红、黄旗子至少各有一面，则不同的取法有多少种?

分析：(1)任取 3 面旗子，可以看作从 7 个元素中任取 3 个元素的组合数，即 C_7^3。

(2)任取 3 面旗子，其中红、黄旗子至少各有一面，分两种情况，一面红旗两面黄旗或两面红旗一面黄旗，分别计算。

解：(1)从 4 面红旗子和 3 面黄旗子中任取 3 面旗子送给一位小朋友，则不同的取法有 $C_7^3=35$ 种。

(2)从 4 面红旗子和 3 面黄旗子中任取 3 面旗子，其中红、黄旗子至少各有一面，分两种情况：一面红旗两面黄旗的取法有 $C_4^1C_3^2=4\times3=12$ 种；两面红旗一面黄旗的取法有 $C_4^2C_3^1=6\times3=18$ 种。利用分类加法原理得，红、黄旗子至少各有一面的取法有 $12+18=30$ 种。

例 2 求证 $C_n^m=\frac{m+1}{n+1}C_{n+1}^{m+1}$。

分析：利用组合数公式 $C_n^m=\frac{n!}{m!\ (n-m)!}$证明。

证明：因为 $C_n^m=\frac{n!}{m!\ (n-m)!}$，

$$\frac{m+1}{n+1}C_{n+1}^{m+1}=\frac{m+1}{n+1}\cdot\frac{(n+1)!}{(m+1)!\ [(n+1)-(m+1)]!}$$

$$=\frac{m+1}{n+1}\cdot\frac{(n+1)n!}{(m+1)m!\,(n-m)!}$$

$$=\frac{n!}{m!\,(n-m)!},$$

所以 $C_n^m=\frac{m+1}{n+1}C_{n+1}^{m+1}$。

【学习宝典】

1. 组合数公式有两种形式，一般地，公式 $C_n^m=\frac{n(n-1)(n-2)\cdots(n-m+1)}{m!}$用于数字计算，公式 $C_n^m=\frac{n!}{m!\,(n-m)!}$用于证明恒等式及合并组合数简化计算。

2. 注意公式的逆用。

同步练习基础训练

一、选择题

1. $C_{15}^3=$(　　)。

A. 420　　B. 2 730　　C. 910　　D. 455

2. $A_6^3-2C_5^3=$(　　)。

A. 0　　B. 100　　C. 80　　D. 60

3. 5 名游客分别从 3 处不同的景点中选一处游览，则不同的选法有(　　)种。

A. A_5^3　　B. C_5^3　　C. 3^5　　D. 5^3

4. 某地政府召集 5 家企业的负责人开会，已知甲企业有 2 人到会，其余 4 家企业各有 1 人到会，会上有 3 人发言，则这 3 人来自 3 家不同企业的可能情况有(　　)种。

A. 14　　B. 16　　C. 20　　D. 48

二、填空题

5. 某城市新建的一条道路上有 12 盏路灯，为了节省用电而不影响正常的照明，可以熄灭其中三盏灯，但两端的灯不能熄灭，也不能熄灭相邻的两盏灯，可以熄灭的方法共有_____种。

6. 5 支球队参加比赛，每两队之间比赛一场，第一轮比赛结束后的前两名进行第二轮比赛，决出冠军、亚军，第三、第四名决出季军，共进行比赛的场数为________。

7. 现有壹元、伍元、拾元人民币各 1 张，可以组成________种币值。

8. 某中学从高中 7 个班中选出 12 名学生组成校代表队参加市中学数学应用题竞赛活动，则代表队中每班至少有 1 人参加的选法有________种。

三、解答题

9.6 人同时被邀请参加一项活动，必须有人去，去几人自行决定，共有多少种不同的情况?

10. 有 3 本科技书、5 本文学书，从这 8 本书中任意抽取 3 本，其中必须包含科技书和文学书，有多少种不同的取法?

同步练习提高训练

1. 有编号为 1，2，3 的 3 个盒子和 10 个相同的小球，现把 10 个小球全部装入 3 个盒子中，使得每个盒子所装球数不小于盒子的编号数，这样的装法共有多少种?

2. 从 5 门不同的文科学科和 4 门不同的理科学科中任选 4 门，组成一个综合考试科目组，若要求这组科目中文理科都有，则有多少种不同的选法?

数学窗

戈特弗里德·威廉·莱布尼茨(Gottfried Wilhelm Leibniz，1646—1716)，德国哲学家、数学家，他的研究领域涉及法学、力学、光学、语言学等 40 多个范畴，被誉为 17 世纪的亚里士多德。莱布尼茨和牛顿先后独立发明了微积分。

1666 年莱布尼茨所著《论组合的艺术》一书问世，这是组合数学的第一部专著。书中首次使用了“组合论(Combinatorics)”一词。

8.3.3　组合数的性质

知识要点

组合数的性质：

$C_n^m=$____________，　　　　$C_{n+1}^m=C_n^m+$________。

典型例题

例 1　若 $C_{15}^{2n-1}=C_{15}^{2n}$，求 n。

分析： 利用公式 $C_n^m=C_n^{n-m}$ 解题。

解： 由题可知 $2n-1=15-2n$，解得 $n=4$。

【学习宝典】

$C_n^m=C_n^{n-m}$，说明从 n 个元素中取出 m 个元素的所有组合数与取 $n-m$ 个元素的所有组合数相同，这个公式是减少计算的方法，如计算 C_{15}^{12} 可转化为计算 C_{15}^{3}。

例 2　求证 $C_7^3+C_7^4+C_8^5=C_9^5$。

分析： 利用组合数性质 $C_{n+1}^m=C_n^m+C_n^{m-1}$ 证明。

证明： 因为 $(C_7^3+C_7^4)+C_8^5=C_8^4+C_8^5=C_9^5$，

所以原等式成立。

【学习宝典】

公式 $C_{n+1}^m=C_n^m+C_n^{m-1}$ 是计算和证明时常用的公式。

同步练习基础训练

一、选择题

1. $C_{100}^{99}=$(　　)。

A. 100　　B. 99　　C. 98　　D. 97

2. 若 $C_n^3=C_n^9$，则 $n=$(　　)。

A. 10　　B. 11　　C. 12　　D. 13

3. $C_{n+1}^{m-1}+C_{n+1}^{m-2}=$(　　)。

A. C_{n+1}^{m-1}　　B. C_{n+1}^{m-2}　　C. C_{n+2}^{m-1}　　D. C_{n+2}^{m-2}

4. 若 $C_{20}^{x-1}+C_{20}^{4}=C_{21}^{x}$，则 $x=$(　　)。

A. 4　　B. 5　　C. 5 或 15　　D. 4 或 16

二、填空题

5. 若 $C_{10}^{n-3}=C_{10}^{2n+1}$，则 $n=$________。

6. $C_5^4+C_6^4+C_7^4+C_8^4=$________。

7. 若 $C_n^2=C_{n-1}^2+C_{n-1}^3$，则 $n=$________。

8. $C_{15}^4=C_{14}^3+$________。

三、解答题

9. 若 $C_2^2+C_3^2+C_4^2+\cdots+C_n^2=35$，求 n。

10. 证明：$C_m^9-C_{m+1}^9+C_m^8=0$。

同步练习提高训练

1. 从 1，2，…，9 这九个数中任取 3 个数相加，和为偶数的不同的取法有多少种？

2. 在 100 件产品中有 3 件是次品，从这 100 件产品中任意抽取 3 件。

(1)一共有多少种不同的抽法？

(2)抽出的 3 件产品中至少有 1 件是次品的抽法有多少种？

数学窗

杨辉，字谦光，南宋时期杭州人。在他 1261 年所著的《详解九章算法》一书中，辑录了如图 8-6 所示的三角形数表，称之为“开方作法本源”图，也叫杨辉三角，书中说明此表引自 11 世纪中叶(约公元 1050 年)贾宪的《释锁算术》，并绘画了“古法七乘方图”。故此，杨辉三角又被称为“贾宪三角”。在欧洲，帕斯卡(1623—1662)在 1654 年也发现了这一规律，所以这个表又叫作帕斯卡三角。帕斯卡的发现比杨辉要迟 393 年，比贾宪迟约 600 年。

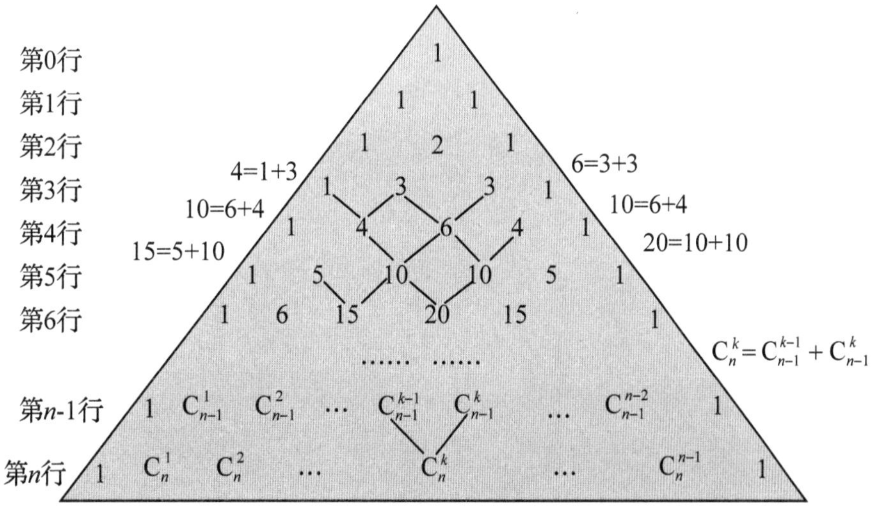

图 8-6　杨辉三角

8.4 排列与组合的应用

知识要点

1. 排列是先从 n 个不同的元素中取出 m 个元素(组合问题),再把这 m 个元素________。

2. 排列数与组合数的关系:$A_n^m=$________$\cdot A_m^m$。

典型例题

例 1 有 4 个不同的球、4 个不同的盒子,把球全部放入盒内,恰有 1 个盒不放球,共有几种放法?

分析: 为保证"恰有 1 个盒不放球",先从 4 个盒子中任意取出 1 个,问题转化为"4 个球,3 个盒子,每个盒子都要放入球,共有几种放法?"即把 4 个球分成 2,1,1 的三组,然后再从 3 个盒子中选 1 个放 2 个球,其余 2 个球放在另外 2 个盒子内。

解: 有 4 个不同的球、4 个不同的盒子,把球全部放入盒内且恰有 1 个盒不放球,共有 $C_4^1C_4^2C_3^1A_2^2=144$ 种放法。

例 2 2022 年冬季奥运会组委会要从小张、小赵、小李、小罗、小王 5 名志愿者中选派 4 人分别承担司机、导游、翻译、礼仪四项不同的工作,若其中小张和小赵只能承担前两项工作,其余三人这四项工作均能承担,则共有________种不同的选派方案。

分析: 第一步,小张和小赵恰有 1 人入选,先从两人中选 1 人,然后把这个人在前两项工作中安排一个,最后剩余的三人进行全排列有 $C_2^1C_2^1A_3^3=24$ 种选法。

第二步,小张和小赵都入选,首先安排这两个人做前两项工作有 $A_2^2=2$ 种方法,然后在剩余的 3 人中选 2 人做后两项工作,有 $A_3^2=6$ 种方法。故共有 $C_2^1C_2^1A_3^3+A_2^2A_3^2=36$ 种选法。

解: 由题可知,共有 $C_2^1C_2^1A_3^3+A_2^2A_3^2=36$ 种不同的选派方案。

【学习宝典】

排列组合在一起,先选后排是常理。

特殊元素和位置,首先注意多考虑。

不重不漏多思考,捆绑插空是技巧。

同步练习基础训练

一、选择题

1. 从 10 名大学毕业生中选 3 人担任村长助理，则甲、乙至少有 1 人入选，而丙没有入选的不同选法有(　　)种。

A. 84　　B. 49　　C. 64　　D. 120

2. A，B，C，D，E 5 人站成一排，如果 B 必须站在 A 的右边，那么有(　　)种不同的站法。

A. 60　　B. 48　　C. 120　　D. 96

3. 将 3 名医生和 6 名护士分配到 3 所学校为学生体检，每所学校去 1 名医生和 2 名护士，则共有(　　)种不同的分配方案。

A. 180　　B. 270　　C. 504　　D. 540

4. 用 0 到 9 这 10 个 数字，可以组成没有重复数字的三位偶数的个数为(　　)。

A. 360　　B. 256　　C. 328　　D. 720

二、填空题

5. 将 4 个不同的小球放入编号为 1，2，3，4 的 4 个盒子中，则恰有 1 个盒内有 2 个球的放法共有________种。

6. 排成一排的 9 个空位上，坐 3 人，使三处有连续两个空位，有________种不同的坐法。

7. 5 人排成一行，要求甲、乙两人相邻，丙、丁两人不相邻，则不同的排法有________种。

8. 将 6 封不同的信投入 5 个不同的信箱，要求每个信箱至少有一封信，则不同的投法共有________种。

三、解答题

9. 某农科院计划派遣 4 名专家和 3 名技术员到甲、乙两个基地对农作物病虫害防治进行科学指导，每个基地派遣 2 名专家和至少 1 名技术员的方法有多少种?

10. 由数字 0，1，2，3，4，5 能组成多少个没有重复数字的六位奇数？

同步练习提高训练

1. 将甲、乙、丙、丁 4 名学生分到 3 个不同的班，每个班至少分到 1 名学生，且甲、乙两名学生不能分到同一个班，共有多少种不同的分法？

2. 设直线方程为 $Ax+By=0$(A，B 不同时为 0)，从 1，2，3，4，5 这 5 个不同的数中，每次取出两个数字作为 A，B 的值，则不同的直线有多少条？

数学窗

刘徽(图 8-7)，生于 250 年左右，是中国数学史上一位非常伟大的数学家，在世界数学史上，也占有杰出的地位。刘徽的杰作《九章算术注》和《海岛算经》，是我国最宝贵的数学遗产之一。刘徽的一生是为数学刻苦探求的一生，他品格高尚，是学有所成的伟人，给中华民族留下了宝贵的财富。

图 8-7　刘徽

8.5 二项式定理

8.5.1 二项式定理

知识要点

二项式定理：

$(a+b)^n=C_n^0a^n+C_n^1a^{n-1}b+\cdots+C_n^ra^{n-r}b^r+\cdots+C_n^nb^n \quad (n\in \mathbf{N}^*)$，

其中，二项式系数为________，

二项展开式的通项用 T_{r+1} 表示，通项公式为________。

注意：

(1)通项是二项展开式中的第 $r+1$ 项；

(2)二项展开式共有 $n+1$ 项；

(3)各项中 a 的指数从 n 起依次减 1，到 0 为止；各项中 b 的指数从 0 起依次加 1，到 n 为止；

(4)注意区别“二项式系数”与“项的系数”的概念，二者不同。

典型例题

例 1　求 $\left(x-\dfrac{1}{x}\right)^{10}$ 展开式中的常数项。

分析：展开式中的常数项即 x 的指数为 0，先求通项公式，再令 x 的指数为 0，求出 r，则可以求出常数项。

解：$T_{r+1}=C_{10}^r(x)^{10-r}\left(-\dfrac{1}{x}\right)^r=(-1)^rC_{10}^rx^{10-r}x^{-r}=(-1)^rC_{10}^rx^{10-2r}$，

令 $10-2r=0$，即 $r=5$，

因为 $T_6=(-1)^5C_{10}^5=-252$，

所以展开式中的常数项为 -252。

例 2　求 $(x+a)^{12}$ 的展开式中的倒数第 4 项。

分析：$(x+a)^{12}$ 的展开式共有 13 项，所以倒数第 4 项是它的第 10 项，由通项公式可求得。

解：$(x+a)^{12}$ 的展开式共有 13 项，所以倒数第 4 项是它的第 10 项，展开式的第 10 项是

$$T_{9+1}=C_{12}^{9}x^{12-9}a^{9}$$
$$=C_{12}^{3}x^{3}a^{9}$$
$$=220x^{3}a^{9}。$$

【学习宝典】

求展开式中的指定项，分两步完成：第一步是根据所给出的条件(特定项)和通项公式，建立方程来确定指数，求解时要注意二项式系数中 n 与 r 的隐含条件(n，r 均为非负整数，且 $n\geqslant r$)；第二步是根据所求指数，再求所求解的项。

同步练习基础训练

一、选择题

1. $(x-1)^{10}$ 的展开式的第 6 项的系数是(　　)。

A. C_{10}^{6}　　B. $-C_{10}^{6}$　　C. C_{10}^{5}　　D. $-C_{10}^{5}$

2. 若 $x\in\mathbf{R}$，$x^{3}=a_{0}+a_{1}(x-2)+a_{2}(x-2)^{2}+a_{3}(x-2)^{3}$，则 a_{2} 的值为(　　)。

A. 3　　B. 6　　C. 9　　D. 12

3. $\left(x^{2}-\dfrac{1}{\sqrt{x}}\right)^{15}$ 的展开式中，常数项是(　　)。

A. -455　　B. 455　　C. $-3\ 003$　　D. 3 003

4. $(a+2b)^{5}$ 的展开式中，第 3 项的系数是(　　)。

A. 5　　B. 10　　C. 40　　D. 80

二、填空题

5. $(1-2x)^{5}$ 的展开式中，第 3 项是________。

6. $(1+2x)^{6}$ 的展开式中，二项式系数最大的项是第________项。

7. 二项式$(a+2b)^{n}$ 的展开式的第 2 项的系数是 8，则它的第 3 项的二项式系数是________。

8. $(1+x)^{n}$ 的展开式为____________________。

三、解答题

9. 求$(x^{3}+2x)^{7}$ 的展开式的第 4 项的二项式系数，并求第 4 项的系数。

10. 若$\left(\sqrt{x}+\frac{2}{x}\right)^{n}$的展开式的常数项为 60，求 n。

同步练习提高训练

1. 计算$(\sqrt{2}-1)^{5}+(1+\sqrt{2})^{5}$。

2. 求$(1+x)^{5}(1-x)^{6}$的展开式中 x^{3} 的系数。

数学窗

二项式定理(binomial theorem)，又称牛顿二项式定理，由艾萨克·牛顿(图 8-8)于 1664—1665 年提出。该定理给出两个数之和的整数次幂可展开为类似项之和的恒等式。二项式定理可以推广到任意实数次幂，即广义二项式定理。

图 8-8　艾萨克·牛顿

8.5.2　二项式系数的性质

知识要点

二项式系数具有如下性质。

性质 1　对称性：与首末两端“等距离”的两个二项式系数相等。

即 $C_n^0=C_n^n$，$C_n^1=C_n^{n-1}$，…，$C_n^r=C_n^{n-r}$。

性质 2　增减性与最大值：在二项式的展开式中，二项式系数先增后减，且在中间取得最大值。若 n 是偶数，________的二项式系数最大，若 n 是奇数，________的二项式系数相等且最大。

性质 3　各二项式系数的和：$C_n^0+C_n^1+C_n^2+\cdots+C_n^n=$________。

性质 4　奇数项的二项式系数的和等于偶数项的二项式系数的和。

即 $C_n^0+C_n^2+C_n^4+\cdots=C_n^1+C_n^3+C_n^5+\cdots=$________。

典型例题

例 1　已知 $(1-2x)^7=a_0+a_1x+a_2x^2+\cdots+a_7x^7$. 求：

(1)a_0；

(2)$a_0+a_1+a_2+a_3+\cdots+a_6+a_7$；

(3)$a_0-a_1+a_2-a_3+\cdots+a_6-a_7$；

(4)$a_0+a_2+a_4+a_6$；

(5)$a_1+a_3+a_5+a_7$。

分析：在式子中分别令 x 的值为 0，1，-1 等特殊值进行求解。

解：(1)令 $x=0$，则 $a_0=1$；

(2)令 $x=1$，则 $a_0+a_1+a_2+a_3+\cdots+a_6+a_7=-1$；

(3)令 $x=-1$，则 $a_0-a_1+a_2-a_3+\cdots+a_6-a_7=3^7$；

(4)将(2)(3)中的两式子相加可得 $a_0+a_2+a_4+a_6=\dfrac{-1+3^7}{2}$；

(5)将(2)(3)中的两式子相减可得 $a_1+a_3+a_5+a_7=\dfrac{-1-3^7}{2}$。

例 2　在二项式 $(2x-3y)^9$ 的展开式中，求：

(1)二项式系数之和；

(2)各项系数之和。

分析：在式子中分别令 x，y 的值为 0，1，-1 等特殊值进行求解。

解：(1)$C_9^0+C_9^1+C_9^2+\cdots+C_9^9=2^9=512$；

(2)令 $x=y=1$ 时，各项系数之和为 -1。

【学习宝典】

赋值法是解决二项式中有关系数问题的重要手段。

同步练习基础训练

一、选择题

1. $(1+x)^{16}$ 的展开式中系数最大的项是(　　)。

A. 第 7 项　　B. 第 8 项　　C. 第 9 项　　D. 第 10 项

2. $\left(1+\frac{3}{x}\right)^{11}$ 的展开式的中间项为(　　)。

A. $C_{11}^{5}\left(\frac{3}{x}\right)^{5}$　　B. $C_{11}^{6}\left(\frac{3}{x}\right)^{6}$　　C. $C_{11}^{5}\left(\frac{3}{x}\right)^{5}$ 和 $C_{11}^{6}\left(\frac{3}{x}\right)^{6}$　　D. 都不是

3. $(1+x)^{15}$ 的展开式中第 5 项与(　　)的二项式系数相等。

A. 第 9 项　　B. 第 10 项　　C. 第 11 项　　D. 第 12 项

4. $(2x-3y)^{9}$ 的展开式中各项系数之和是(　　)。

A. -1　　B. 1　　C. -512　　D. 512

二、填空题

5. $C_n^0+2C_n^1+2^2C_n^2+\cdots+2^nC_n^n=$________。

6. $C_n^0-2C_n^1+2^2C_n^2-2C_n^3+\cdots+(-1)^n2^nC_n^n=$________。

7. $(50^{51}-1)$被 7 除的余数为________。

8. $\left(x+\frac{1}{x}\right)^{n}$ 的展开式的二项式系数之和为 64，则展开式的常数项为________。

三、解答题

9. 求证：$8^n+8^{n-1}C_n^1+8^{n-2}C_n^2+\cdots+8C_n^{n-1}+C_n^n=3^{2n}$。

10. 已知 $C_n^0+2C_n^1+2^2C_n^2+\cdots+2^nC_n^n=729$，求 $C_n^1+C_n^2+\cdots+C_n^n$。

同步练习提高训练

1. 计算 1.2^6 的近似值。(精确到 0.001)

2. 已知 $(x-1)^4=a_0+a_1x+a_2x^2+a_3x^3+a_4x^4$，求 $a_0+a_2+a_4$ 的值。

数学窗

布莱士·帕斯卡(Blaise Pascal，1623—1662)，出生于法国多姆山省奥弗涅地区的克莱蒙费朗，法国数学家、物理学家、哲学家、散文家。16 岁时发现著名的帕斯卡六边形定理：内接于一个二次曲线的六边形的三双对边的交点共线。17 岁时写成《圆锥曲线论》。

1642 年他设计并制作了一台能自动进位的加减法计算装置，被称为世界上第一台数字计算器，为以后的计算机设计提供了基本原理。1658 年完成《论摆线》。在研究二项式系数性质时，写成《算术三角形》向巴黎科学院提交，后被收录进他的全集，并于 1665 年发表。其中给出的二项式系数展开后被称为“帕斯卡三角”，实际它已于约 1050 年由中国的贾宪所发现。在与费马(Pierre Fermat)的通信中讨论赌金分配问题，对早期概率论的发展颇有影响。他还制作了水银气压计(1646)，写了液体平衡、空气的重量和密度等方向的论文(1651—1654)。帕斯卡自 1655 年隐居修道院，在这里写下《思想录》(1658)等经典著作。

8.6 简单应用举例

知识要点

分组分配问题：平均分成的组，不管它们的顺序如何，都是一种情况，所以分组后一定要除以 A_n^n（n 为均分的组数）避免重复计数。

典型例题

例　按下列要求分配 6 本不同的书，各有多少种不同的分配方式？

(1)分成三份：1 份 1 本，1 份 2 本，1 份 3 本。

(2)甲、乙、丙 3 人中，一人得 1 本，一人得 2 本，一人得 3 本。

(3)平均分成 3 份，每份 2 本。

(4)平均分配给甲、乙、丙 3 人，每人 2 本。

分析：(1)无序不均匀分组。

(2)有序不均匀分组。

(3)无序均匀分组。

(4)有序均匀分组。

解：(1)先选 1 本，有 C_6^1 种选法；再从余下的 5 本中选 2 本，有 C_5^2 种选法；最后余下的 3 本全选，有 C_3^3 种选法。故共有 $C_6^1C_5^2C_3^3=60$ 种。

(2)在第(1)题的基础上分配，共有 $C_6^1C_5^2C_3^3A_3^3=360$ 种。

(3)共有 $\dfrac{C_6^2C_4^2C_2^2}{A_3^3}=15$ 种。

(4)共有 $C_6^2C_4^2C_2^2=90$ 种。

【学习宝典】

无序平均分配时，分组后除以组数的阶乘。

同步练习基础训练

一、选择题

1. 安排期中考试科目 9 门，语文要在数学之前考，不同的安排顺序有(　　)种。

A. $\dfrac{A_9^9}{2}$　　B. A_9^9　　C. $\dfrac{C_9^9}{2}$　　D. C_9^9

2. 甲、乙、丙 3 位志愿者安排在周一至周五的 5 天中参加某项志愿活动，要求每人至多安排一天，并要求甲安排在其余两位前面，不同的安排方法有(　　)种。

A. 20　　B. 30　　C. 40　　D. 60

3. 现有语文、数学、外语、物理、化学、生物课本各一本，平均分给 3 个人，则不同的分配方法有(　　)种。

A. 36　　B. 72　　C. 90　　D. 24

4. 将 4 本不同的书本全部分给甲、乙、丙 3 名学生，每名学生都分到书的分法有(　　)种。

A. 12　　B. 24　　C. 32　　D. 36

二、填空题

5. 将 6 个人平均分成两组，共有________种不同的分法。

6. 将 9 盆花分成 3 份，分别为 5 盆、2 盆、2 盆，共有________种不同的分法。

7. 将 4 名男生和 3 名女生排成一行，要求从左到右女生按从矮到高的顺序排列，有________种排法。

8. 书架上有 6 本书，现再放入 3 本书，要求不改变原来 6 本书的相对顺序，有________种不同排法。

三、解答题

9. 由于新冠肺炎疫情，现有 5 名社区工作人员被分配到 3 个小区做社区监管工作，要求每人只能去一个小区，且每个小区至少有一个人，有多少种不同的分配方法?

10. 某校高中二年级有 6 个班，现分派 3 名教师任教某科目，每名教师教两个班，不同的安排方法有多少种?

同步练习提高训练

1. 有 4 个不同的小球放入 4 个不同的盒子中，其中有且只有 1 个盒子留空，有多少种不同的放法？

2. 把标有 a，b，c，d，e，f，g，h 的 8 件不同的纪念品平均赠给甲、乙 2 名学生，其中 a，b 不赠给同一个人，则不同的赠送方法有________种。

数学窗

在我国古代，“算”指一种竹制的计算器具，“算术”是指操作这种计算器具的技术，也泛指当时与计算有关的数学知识。“算术”最早出现在《九章算术》中。在隋唐时期，国家成立了培养天文学家和数学家的专门机构“算学”，它相当于现在大学里的数学系，教学用书有《孙子算法》《五曹算经》《九章算术》等算术书。从 19 世纪起，西方的一些数学学科，包括代数、三角、解析几何、微积分、概括论等相继传入我国，西方传教士多使用“数学”，中国古算术则沿用“算学”。1935 年，中国数学会确定了“算术”的意义，而算学与数学并存使用，直至 1939 年，清华大学才把“算学系”改为“数学系”。

第9单元

随机变量及其分布

9.1 离散型随机变量及其分布

9.1.1 离散型随机变量

知识要点

1. 随着随机试验结果的变化而取值的变量，叫作随机变量。

2. 取值可以一一列举出来的随机变量，叫作离散型随机变量。一般用大写字母 X，Y，Z，…或希腊字母 ξ，η，λ，…表示。

3. 离散型随机变量的典型例子：掷均匀骰子出现的点数、射箭命中的环数、抽到次品的数量。

典型例题

例 在10件产品中有3件是次品，现任取2件，求取到次品数 X 的可能取值并说明所取的值表示的随机试验的结果。

解： 取到次品数 X 的可能取值为0，1，2。

$X=0$ 表示“取到的都是正品”；

$X=1$ 表示“取到1件次品”；

$X=2$ 表示“取到2件次品”。

同步练习基础训练

一、选择题

1. 先后抛掷一个均匀骰子两次，记随机变量 X 为两次掷出的点数之和，则 X 的取值集合是(　　)。

A. $\{1, 2, 3, 4, 5, 6\}$

B. $\{2, 3, 4, 5, 6, 7\}$

C. $\{2, 4, 6, 8, 10, 12\}$

D. {2，3，4，5，6，7，8，9，10，11，12}

2. 袋中有大小相同、质地均匀的 5 个白球和 3 个黑球，从中任取 2 个，则可以作为随机变量的是(　　)。

A. 至少取到 1 个白球　　B. 取到白球的个数

C. 至多取到 1 个白球　　D. 取到球的个数

3. 同时抛两枚均匀的骰子，设 X 表示掷出的点数之和，则 $X=4$ 表示的随机试验结果是(　　)。

A. 一枚掷出 3 点，一枚掷出 1 点

B. 两枚都掷出 2 点

C. 两枚都掷出 4 点

D. 一枚掷出 3 点，一枚掷出 1 点或两枚都掷出 2 点

4. 袋中有大小相同的 5 只钢球，分别标有 1，2，3，4，5 五个号码，任意抽取 2 个球，设这 2 个球号码之和为 X，则 X 的所有可能取值个数为(　　)。

A. 25　　B. 10　　C. 7　　D. 6

二、填空题

5. 已知下列随机变量：

①电灯泡的使用寿命 X；②小明射击一次，击中目标的环数 X；③测量一批电阻两端的电压，在 10～20V 之间的电压值 X；④一个在 y 轴上运动的质点，它在 y 轴上的位置 X。其中 X 是离散型随机变量的是________。

6. 已知下列随机变量：①10 件产品中有 2 件次品，从中任取 3 件，取到的次品数量 X；②一位射击手对目标进行射击，击中目标得 1 分，未击中目标得 0 分，该射击手在一次射击中的得分 X；③ 一天内的温度 X；④在体育彩票的抽奖中，一次摇号产生的号码数 X。其中 X 是离散型随机变量的是________。

三、解答题

7. 写出下列随机变量可能的取值，并说明随机变量所取的值表示的随机试验的结果。

(1)在含有 8 件次品的 50 件产品中，任意抽取 4 件，可能含有的次品的数量 X。

(2)盒中装有 6 支白粉笔和 8 支红粉笔，从中任意取出 3 支，其中含白粉笔的数量 X。

同步练习提高训练

1. 袋中有大小相同的红球 6 个和白球 5 个，从袋中每次取出一个球且不放回，直到取出的球是白球为止，所需要的取球次数 X 的可能取值为(　　)。

A. 1，2，3，4，5，6　　B. 1，2，3，4，5，6，7

C. 0，1，2，3，4，5　　D. 1，2，3，4，5

2. 12 件产品中有 3 件次品，每次从中任取一件，在取得合格品之前取出的次品数的所有可能取值是__________。

数学窗

生活中的数学(一)

蜂房是严格的六角柱状体，它的一端是平整的六角形开口，另一端是封闭的六角菱锥形的底，由三个相同的菱形组成。组成底盘的菱形的钝角为 $109°28'$，所有的锐角为 $70°32'$，这样的结构既坚固又省料。蜂房的巢壁厚 0.073 mm，误差极小。

9.1.2　离散型随机变量分布列及其数字特征

知识要点

1. 如果离散型随机变量 X 的可能取值为 x_1，x_2，…，x_i，…，x_n，且 X 取每一个值 $x_i(i=1, 2, \cdots, n)$的概率为 $P(X=x_i)=p_i$，那么表 9-1 称为离散型随机变量 X 的概率分布列，简称为 X 的分布列。有时 X 的分布列可以简单地表示为 $P(X=x_i)=p_i(i=1, 2, \cdots, n)$。

表 9-1

X	x_1	x_2	…	x_i	…	x_n
P	p_1	p_2	…	p_i	…	p_n

2. 离散型随机变量 X 的数学期望(简称期望，或者均值)记为 $E(X)$，

$$E(X)=\sum_{i=1}^{n} x_i p_i = x_1p_1+x_2p_2+\cdots+x_ip_i+\cdots+x_np_n。$$

3. 离散型随机变量 X 的概率分布列具有下列性质：

(1) $p_i \geqslant 0$，$i=1, 2, \cdots, n$；

(2) $\sum_{i=1}^{n} p_i = p_1 + p_2 + \cdots + p_n = 1$。

4. 离散型随机变量 X 的方差记为 $D(X)$，

$$D(X)=\sum_{i=1}^{n}[x_i-E(X)]^2 p_i$$
$$=[x_1-E(X)]^2 p_1+[x_2-E(X)]^2 p_2+\cdots+[x_i-E(X)]^2 p_i+\cdots+[x_n-E(X)]^2 p_n。$$

5. 离散型随机变量 X 的方差的算术平方根 $\sqrt{D(X)}$ 叫作随机变量 X 的标准差。

6. 两点分布又称 0—1 分布、伯努利分布，具体应用有：硬币抛掷，彩票是否中奖，射门是否命中等。

7. 计算离散型随机变量的概率分布列的主要步骤为：

(1)列出离散型随机变量的所有取值；

(2)计算出各个离散型随机变量取值对应的事件发生的概率；

(3)列表写出分布列。

典型例题

例　设有 5 件产品，其中含有 2 件次品，从中抽取 3 件进行检查，求：

(1)所得的产品中所含次品数 X 的概率分布；

(2)所得的产品中所含次品数 X 的期望；

(3)所得的产品中所含次品数 X 的方差；

(4)所得的产品中所含次品数 X 的标准差。

解：(1)随机变量 X 的所有可能取值为 0，1，2，

并且 $P(X=0)=\frac{C_3^3}{C_5^3}=\frac{1}{10}$，$P(X=1)=\frac{C_2^1C_3^2}{C_5^3}=\frac{3}{5}$，$P(X=2)=\frac{C_2^2C_3^1}{C_5^3}=\frac{3}{10}$，

所以 X 的概率分布列见表 9-2；

表 9-2

X	0	1	2
P	$\frac{1}{10}$	$\frac{3}{5}$	$\frac{3}{10}$

(2)期望为 $E(X)=0\times\frac{1}{10}+1\times\frac{3}{5}+2\times\frac{3}{10}=\frac{6}{5}$;

(3)方差为 $D(X)=\left(0-\frac{6}{5}\right)^2\times\frac{1}{10}+\left(1-\frac{6}{5}\right)^2\times\frac{3}{5}+\left(2-\frac{6}{5}\right)^2\times\frac{3}{10}=\frac{9}{25}$;

(4)标准差为 $\sqrt{D(X)}=\sqrt{\frac{9}{25}}=\frac{3}{5}$。

同步练习基础训练

一、选择题

1. 已知离散型随机变量 X 的分布列见表 9-3，则 X 的数学期望 $E(X)=$(　　)。

表 9-3

X	0	1	2
P	0.2	a	0.5

A. 0.3　　B. 0.8　　C. 1.2　　D. 1.3

2. 用 X 表示投掷一枚均匀的骰子所得的点数，利用 X 的分布列求下列事件的概率，其中错误的是(　　)。

A. 掷出的点数为偶数的概率为$\frac{1}{2}$　　B. 掷出的点数超过 1 的概率为$\frac{5}{6}$

C. X 的期望为$\frac{7}{2}$　　D. 掷出的点数大于 3 而不大于 5 的概率为$\frac{1}{2}$

3. 若离散型随机变量 X 的分布列见表 9-4，则 a 的值为(　　)。

表 9-4

X	0	1	2
P	0.4	a	$2a$

A. 0.1　　B. 0.2　　C. 0.3　　D. 0.4

4. 若随机变量 X 的分布列见表 9-5，则 $P(|X-3|=1)$的值为(　　)。

表 9-5

X	1	2	3	4
P	$\frac{1}{2}$	a	$\frac{1}{4}$	$\frac{1}{6}$

A. $\frac{1}{6}$　　B. $\frac{5}{12}$　　C. $\frac{1}{4}$　　D. $\frac{1}{3}$

二、填空题

5. 表 9-6 表示某一个离散型随机变量 X 的概率分布列，则 $m=$________。

表 9-6

X	0	1	2	3	4
P	0.3	0.22	m	0.12	0.02

6. 已知 X 服从两点分布，且 $P(X=0)=0.3$，则 $P(X=1)=$________。

三、解答题

7. 在 10 件产品中有 3 件是次品，现任取 2 件，求取到次品数 X 的概率分布。

8. 在射击试验中，令 $X=\begin{cases}1，射中，\\0，未射中，\end{cases}$ 如果射中的概率为 0.8，求随机变量 X 的分布列。

同步练习提高训练

1. 袋中有 5 个大小相同的球，其中有 2 个红球和 3 个黑球，从袋中任意抽取 2 个球，抽到的红球数用随机变量 ε 表示，则 $P(\varepsilon=1)=$________。

2. 从 0，1，2，3 这 4 个数字中任取 2 个数 a，$b(a\neq b)$，求随机变量 $X=ab$ 的分布列。

数学窗

生活中的数学(二)

丹顶鹤总是成群结队迁飞，而且排成“人”字形。“人”字形的角度是 110°。更精确的计算还表明“人”字形夹角的一半即每边与鹤群前进方向的夹角为 54°44′8″！而金刚石结晶体的角度正好也是 54°44′8″！是巧合还是某种大自然的“默契”？

9.2 二项分布

知识要点

1. 一般地，在相同的条件下，重复进行 n 次试验，如果每次试验的结果都是独立的，那么这 n 次重复试验叫作 n 次独立重复试验。

2. 一般地，在 n 次独立重复试验中，如果每次试验的结果只有两个，它们相互独立，也就是只考虑两个事件 A 和 $\overline{A}$，而且在每次试验中，事件 A 发生的概率都不变，这样的 n 次独立重复试验叫作 n 次伯努利试验。

3. 如果每次试验中事件 A 发生的概率为 $P(A)=p$，事件 A 不发生的概率为 $P(\overline{A})=1-p$，那么在 n 次伯努利试验中，事件 A 恰好发生 k 次的概率为 $P_n(k)=C_n^k(1-p)^{n-k}p^k$ $(k=0, 1, 2, \cdots, n)$。这个公式叫作伯努利公式。

伯努利公式在形式上就是二项式 $[(1-p)+p]^n$ 展开式的第 $k+1$ 项。

我们把这种形式的离散型随机变量 ξ 的概率分布列叫作二项分布，称离散型随机变量 ξ 服从参数为 n 和 p 的二项分布，记作 $\xi \sim B(n, p)$。

4. 若 $\xi \sim B(n, p)$，分布列的期望、方差公式分别如下。

两点分布：期望 $E(\xi)=p$，方差 $D(\xi)=p(1-p)$。

二项分布：期望 $E(\xi)=np$，方差 $D(\xi)=np(1-p)$。

典型例题

例 某气象站天气预报的准确率为 80%。计算(结果保留两位有效数字)：

(1)5 次预报中恰有 4 次准确的概率；

(2)5 次预报中至少有 4 次准确的概率。

解： 预报 5 次相当于做 5 次独立重复试验。记“预报 1 次，结果准确”为事件 A，则

$$P(A)=p=0.8。$$

(1)5次预报中恰有4次准确的概率为

$$P_5(4)=C_5^4(1-0.8)^1 0.8^4=5\times 0.2\times 0.8^4\approx 0.41。$$

(2)5次预报中至少有4次准确的概率是恰有4次准确的概率与5次预报都准确的概率的和。即

$$P=P_5(4)+P_5(5)=C_5^4(1-0.8)^1 0.8^4+C_5^5(1-0.8)^0 0.8^5=5\times 0.2\times 0.8^4+0.8^5\approx 0.74。$$

同步练习基础训练

一、选择题

1. 已知随机变量 X 服从二项分布 $X\sim B\left(4,\ \frac{1}{2}\right)$，则 $P(X=2)=$(　　)。

A. $\frac{3}{2}$　　B. $\frac{3}{4}$　　C. $\frac{3}{8}$　　D. $\frac{3}{16}$

2. 有8件产品，其中4件是次品，从中有放回地取3次(每次取1件)，若 X 表示取得次品的次数，则 $P(X\leqslant 2)=$(　　)。

A. $\frac{3}{8}$　　B. $\frac{13}{14}$　　C. $\frac{4}{5}$　　D. $\frac{7}{8}$

3. 从一个装有4个白球和3个红球的袋子中有放回地取球5次，每次取球1个，记 X 为取得红球的次数，则 $D(X)=$(　　)。

A. $\frac{15}{7}$　　B. $\frac{20}{7}$　　C. $\frac{25}{21}$　　D. $\frac{60}{49}$

二、填空题

4. 某处有水龙头3个，调查表明每个水龙头被打开的可能性是0.1，随机变量 X 表示同时被打开的水龙头的个数，则 $P(X=2)=$________。

5. 已知随机变量 X 服从二项分布 $B\left(6,\ \frac{1}{3}\right)$，则 $P(X\leqslant 5)=$________。

三、解答题

6. 某射手射击1次，击中目标的概率是0.9，则他射击4次恰好击中3次的概率是多少？

7. 生产某种零件，出现次品的概率是 0.04，现要生产 4 件这种零件，求：

(1)其中恰有 1 件次品的概率；

(2)至多有 1 件次品的概率。

同步练习提高训练

1. 口袋里装有 4 个黑球与 1 个白球，每次任取一个球，观察后放回再重新抽取。求抽取 3 次所取到的球恰好有 2 个黑球的概率。

2. 某射击运动员进行了 4 次射击，假设每次射击击中目标的概率均为 $\frac{3}{4}$，且各次射击击中目标与否是相互独立的。用 X 表示这 4 次射击击中目标的次数，求 X 的分布列。

数学窗

我国著名数学家华罗庚曾说过：“数形结合百般好，隔裂分家万事非”。数形结合就是把抽象的数学语言、数量关系与直观的几何图形、位置关系结合起来，通过“以形助数”或“以数解形”，即通过抽象思维与形象思维的结合，可以使复杂问题简单化，抽象问题具体化，从而起到优化解题途径的目的。

第一种情形“以数解形”，就是借助数的精确性和规范严密性来阐明形的某些属性，即以数作为手段，形作为目的，如应用曲线的方程来精确地阐明曲线的几何性质，而第二种情形“以形助数”，即借助形的生动和直观性来阐明数之间的联系，即以形作为手段，数为目的，比如应用函数的图像来直观地说明函数的性质。

9.3 正态分布

知识要点

1. 一般地，如果随机变量的概率密度曲线的函数表达式是 $f(x)=\frac{1}{\sqrt{2\pi}\sigma}e^{-\frac{(x-\mu)^2}{2\sigma^2}}$，$x\in(-\infty,+\infty)$，其中 μ，σ 是常数，$\sigma>0$（μ 是期望，σ^2 是方差，σ 是标准差），那么称随机变量 ξ 服从参数 μ，σ^2 的正态分布，简记为 $\xi\sim N(\mu,\sigma^2)$，这时我们把随机变量 ξ 叫作正态随机变量。正态分布曲线的函数表达式称为正态分布的密度函数。

2. 正态分布曲线具有以下性质。

(1)函数在 $x=\mu$ 处取得最大值，且关于直线 $x=\mu$ 对称，函数图像在 x 轴上方。

(2)当 μ 一定时，σ 的大小决定函数图像的“高”“矮”“胖”“瘦”。σ 越大，函数图像越“矮胖”；σ 越小，函数图像越“高瘦”。

(3)当 σ 一定时，函数图像的位置由 μ 决定，函数图像随着 μ 的增大而沿着 x 轴的正方向平移。x 轴是正态分布曲线的渐近线。

3. $\mu=0$，$\sigma=1$ 时的正态分布，即 $\xi\sim N(0,1)$ 叫作标准正态分布，相应的曲线叫作标准正态分布曲线。

标准正态分布曲线的密度函数是 $f(x)=\frac{1}{\sqrt{2\pi}}e^{-\frac{x^2}{2}}$，$x\in(-\infty,+\infty)$。

4. 在实际应用中，服从正态分布 $N(\mu,\sigma^2)$ 的随机变量 ξ 只取区间 $(\mu-3\sigma,\mu+3\sigma)$ 内的值，这就是企业管理中的“3σ 原则”。

典型例题

例　已知随机变量 $X\sim N(5,\sigma^2)$，若 $P(X\geqslant 8)=0.36$，求 $P(X>2)$。

分析：根据正态分布的对称性即可求解。

解：因为 $X\sim N(5,\sigma^2)$，所以 $P(X\leqslant 2)=P(X\geqslant 8)=0.36$，

所以 $P(X>2)=0.64$。

同步练习基础训练

一、选择题

1. 随机变量 ξ 服从正态分布 $N(10,4)$，则标准差为(　　)。

A. 2　　　B. 4　　　C. 10　　　D. 14

2. 若随机变量 X 的密度函数为 $f(x)=\frac{1}{\sqrt{2\pi}}e^{-\frac{x^2}{2}}$，$X$ 在区间$(-2, -1)$和$(1, 2)$内取值的概率分别为 p_1，p_2，则 p_1，p_2 的关系为(　　)。

A. $p_1>p_2$　　B. $p_1<p_2$　　C. $p_1=p_2$　　D. 不确定

3. 红外线自动测温门能有效避免测温者和被测温者的近距离接触，降低潜在的病毒感染风险，为防控某肺炎疫情，某厂生产了红外线自动测温门，其测量体温误差服从正态分布 $N(0.1, 0.3^2)$，从已经生产出的测温门中随机抽取一件，则其测量体温误差在区间$(0.4, 0.7)$内的概率为(　　)。

A. 27.1%　　B. 34.5%　　C. 13.55%　　D. 17.08%

参考数据：若随机变量 ξ 服从正态分布 $N(\mu, \sigma^2)$，则 $P(\mu-\sigma<\xi<\mu+\sigma)=68.3\%$，$P(\mu-2\sigma<\xi<\mu+2\sigma)=95.4\%$。

4. 已知随机变量 $X\sim N(3, \sigma^2)$，且 $P(X>4)=0.25$，则 $P(X\geqslant2)=$(　　)。

A. 0.25　　B. 0.3　　C. 0.75　　D. 0.65

二、填空题

5. 某班一次数学考试(满分 150 分)的成绩 X 服从正态分布 $N(\mu, \sigma^2)$，若 $P(X\leqslant85)=P(X\geqslant105)$，则估计该班这次数学考试的平均分为________。

6. 已知某种袋装食品每袋质量 $X\sim N(500, 16)$，随机抽取 10 000 袋，则其中袋装质量在区间$(492, 504]$内的约有________袋。(质量单位：g)

参考数据：若 X 服从正态分布 $N(\mu, \sigma^2)$，则有 $P(\mu-\sigma<X\leqslant\mu+\sigma)=0.682\ 6$，$P(\mu-2\sigma<X\leqslant\mu+2\sigma)=0.954\ 5$，$P(\mu-3\sigma<X\leqslant\mu+3\sigma)=0.997\ 4$。

三、解答题

7. 已知 $X\sim N(4, \sigma^2)$，若 $P(X<1)=0.1$，求 $P(X\leqslant7)$。

8. 某学校高三年级理科共有 1 500 人，在第一次模拟考试中，据统计，数学成绩 X 服从正态分布 $N(100, 100)$，则这次考试数学成绩超过 120 分的人数约为多少？

参考数据：若 X 服从正态分布 $N(\mu, \sigma^2)$，有 $P(\mu-\sigma<X\leqslant\mu+\sigma)=0.682\ 6$，$P(\mu-2\sigma<X\leqslant\mu+2\sigma)=0.954\ 4$，$P(\mu-3\sigma<X\leqslant\mu+3\sigma)=0.997\ 4$。

同步练习提高训练

1. 若随机变量 X 服从正态分布，记为 $X\sim N(\mu, \sigma^2)$，则关于 X 的密度函数及其图像，下列说法错误的是（　　）。

A. 当 $\mu=0$，$\sigma=1$ 时，正态曲线关于 y 轴对称

B. 正态曲线一定是单峰的

C. 曲线的峰值为 $\frac{1}{\sqrt{2\pi}}$

D. 当 $|x|$ 无限增大时，曲线无限接近 x 轴

2. 在某市一次高三质量检测中共有学生 8 600 人，他们的数学成绩 X 服从正态分布 $N(95, 100)$，如果李明在这次考试中的数学成绩是 115 分，那么他的数学成绩大约在全市的排名为（　　）。

A. 98　　B. 196　　C. 392　　D. 1 365

参考数据：若 X 服从正态分布 $N(\mu, \sigma^2)$，有 $P(\mu-\sigma<X<\mu+\sigma)=0.682\ 6$，$P(\mu-2\sigma<X<\mu+2\sigma)=0.954\ 5$，$P(\mu-3\sigma<X<\mu+3\sigma)=0.997\ 4$。

数学窗

美国芝加哥一名靠养老金生活的老太太，在医院实施了一次小手术后回家。两星期后，她接到医院寄来的一张账单，款数是 63 440 美元。她看到偌大的数字，不禁大惊失色，心脏病猝发，倒地身亡。

后来，有人向医院一核对才发现，原来是工作人员操作计算机时把小数点的位置放错了，实际上只需要付 63.44 美元。

点错了一个小数点，竟要了一条人命。正如牛顿所说：“在数学中，最微小的误差也不能忽略。”

第 10 单元 统 计

10.1 用样本估计总体

10.1.1 总体取值规律的估计

知识要点

实际上，统计问题总体的取值规律是确定的，但具体是什么却是未知的。一般地，可以借助所学过的频率分布表和频率直方图得到样本观测数据的频率分布，据此估计出总体的取值规律。

典型例题

例 某超市从甲、乙两种酸奶的日销售量(单位：箱)的数据中分别随机抽取 100 个，整理得到如表 10-1 和图 10-1 所示的甲种酸奶日销售量的频率分布表和乙种酸奶日销售量的频率直方图。

表 10-1

分组(日销售量)	频率(甲种酸奶)
[0，10)	0.10
[10，20)	0.20
[20，30)	0.30
[30，40)	0.25
[40，50)	0.15

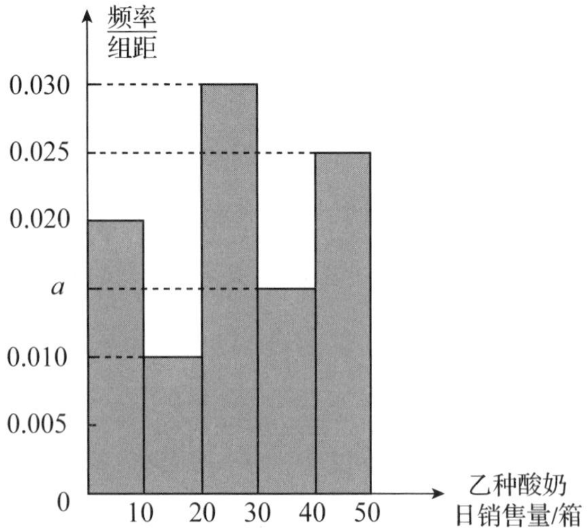

图 10-1

(1)求出图 10-1 频率直方图中 a 的值；

(2)作出甲种酸奶日销售量的频率直方图。

分析：依据各种情况的频率之和等于 1 建立等式即可求得 a 的值；作频率直方图时，注意纵坐标的值为频率除以阻距。

解：(1)由乙种酸奶日销售量的频率直方图可得

$$10a=1-(0.010+0.020+0.030+0.025)\times 10=0.15,$$

解得 $a=0.015$。

(2)根据表中数据可作出甲种酸奶日销售量的频率直方图如图 10-2 所示。

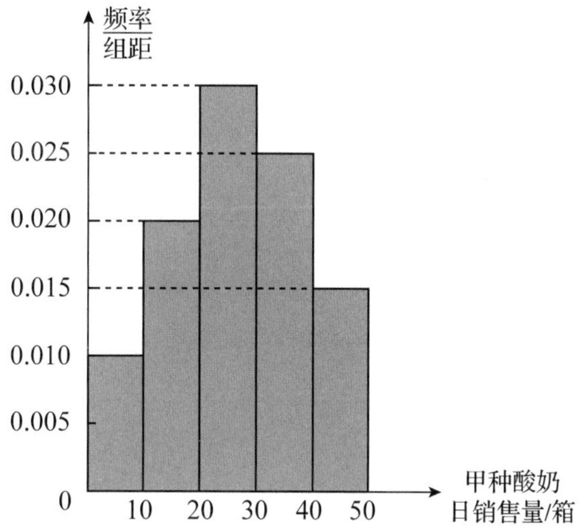

图 10-2

同步练习基础训练

一、选择题

1. 某中学为了解全校学生的阅读情况，决定在全校采用随机抽样的方法抽取一个样本进行统计调查。将学生在一个月内去图书馆的次数分为 5 组：[0，4)，[4，8)，[8，12)，[12，16)，[16，20]，制作了如表 10-2 所示的频率分布表，则抽样总人数为(　　)。

A. 20　　B. 40　　C. 60　　D. 80

表 10-2

分组	人数	频率
[0，4)	2	
[4，8)	3	
[8，12)	9	
[12，16)		0.2
[16，20]		0.1

2. 开学后，某高中学校采用分层抽样的方法从三个年级的学生中抽取一个容量为 150

的样本进行关于学生每日睡眠时间情况的问卷调查。已知该校高一年级共有学生 660 人，抽取的样本中高二年级有 50 人，高三年级有 45 人。表 10-3 是根据抽样调查情况得到的高二学生日睡眠时间(单位：h)的频率分布表。该校学生总数为(　　)。

A. 2 000　　B. 40 000　　C. 606　　D. 1 800

表 10-3

分组	频数	频率
[6，6.5)	5	0.10
[6.5，7)	8	0.16
[7，7.5)	x	0.14
[7.5，8)	12	y
[8，8.5)	10	0.20
[8.5，9]	z	
合计	50	1

3. 某企业为了解下属某部门对本企业职工的服务情况，随机访问 50 名职工，根据这 50 名职工对该部门的评分，绘制频率直方图，如图 10-3 所示，其中样本数据分组区间为 [40，50)，[50，60)，…，[80，90)，[90，100]，则频率分布图中 a 的值为(　　)。

A. 0.002　　B. 0.004　　C. 0.006　　D. 0.018

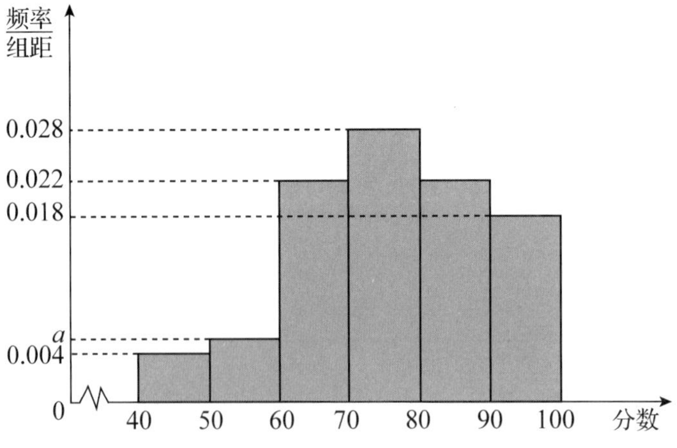

图 10-3

4. 某校从参加某次知识竞赛测试的学生中随机抽取 60 名学生，将其成绩(百分制，且均为整数)分成 6 段[40，50)，[50，60)，…，[90，100)后得到如图 10-4 所示的频率直方图，观察图形获得信息，则分数在[70，80)内的频率为(　　)。

A. 0.2　　B. 0.4　　C. 0.6　　D. 0.3

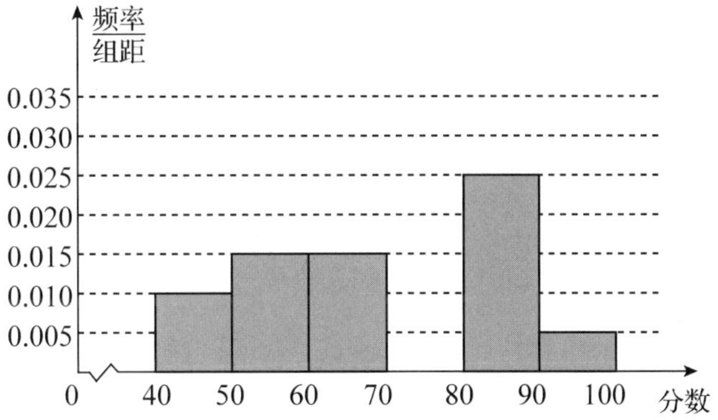

图 10-4

二、填空题

5. 第 24 届北京冬季奥运会上我国健儿顽强拼搏，取得了 9 枚金牌、4 枚银牌、2 枚铜牌的优异成绩。为了调查北京市民对北京冬奥会举办的满意程度，现对居民按年龄(单位：岁)进行调查，从某小区年龄在区间[15，65)内的居民中随机抽取 100 人，将获得的数据按照年龄区间[15，25)，[25，35)，[35，45)，[45，55)，[55，65)分成 5 组，同时对这 100 人的满意程度进行统计得到频率分布表(表 10-4)。经统计在这 100 人中，共有 78 人对北京冬奥会的成功举办感到非常满意，则表格中 $a=$________，$b=$________。

表 10-4

分组	非常满意的人数	占本组的比例
[15，25)	20	0.8
[25，35)	8	0.8
[35，45)	a	b
[45，55)	16	0.8
[55，65)	14	0.7

6. 某市高三数学抽样考试中，对 90 分以上(含 90 分)的成绩进行统计，其频率分布图如图 10-5 所示，若 130 ～140 分数段的人数为 90 人，则 90 ～ 100 分数段的人数为________。

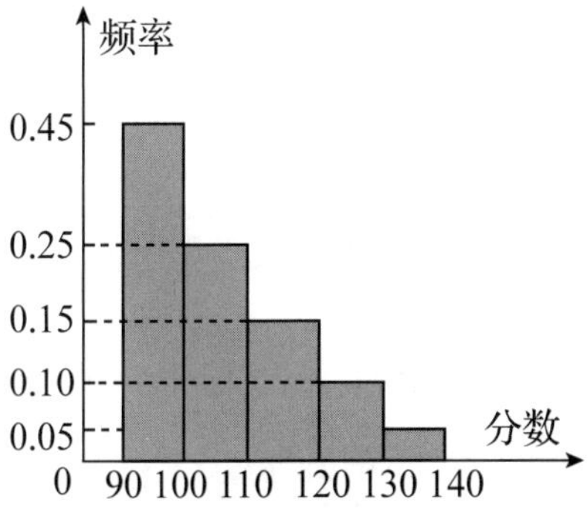

图 10-5

三、解答题

7. 有一种鱼的身体会吸收汞，而身体中汞的含量超过其体重的 1.00ppm(百万分之一)的鱼被人食用后，就会对人体产生危害。现对该种鱼进行汞含量的抽样调查，在 30 条鱼的样本中发现的汞含量(单位：百万分之一)如下。

0.07　0.24　0.95　0.98　1.02　0.98　1.37　1.40　0.39　1.02

1.44　1.58　0.54　1.08　0.61　0.72　1.20　1.14　1.62　1.68

1.85　1.20　0.81　0.82　0.84　1.29　1.26　2.10　0.91　1.31

(1)因为样本数据的极差为 2.10－0.07＝2.03，所以取区间[0.03，2.13]，组距为 0.3，请把频率分布表(表 10-5)补充完整。

表 10-5

分组	频数	频率
[0.03，0.33)	2	$\frac{2}{30}$
[0.33，0.63)	3	$\frac{1}{10}$
[0.63，0.93)	5	
[0.93，1.23)	9	$\frac{3}{10}$
[1.23，1.53)		$\frac{1}{5}$
[1.53，1.83)	3	$\frac{1}{10}$
[1.83，2.13)	2	
合计	30	1

(2)请画出频率直方图。

8. 在生产过程中，共测得 100 个纤维产品的纤度(表示纤维粗细的一种量)，将数据分组如表 10-6 所示。

表 10-6

分组	频数
[1.30，1.34)	4
[1.34，1.38)	25
[1.38，1.42)	30
[1.42，1.46)	29
[1.46，1.50)	10
[1.50，1.54)	2
合计	100

请作出频率分布表，并画出频率直方图。

9. 某人通过计步仪器，记录了自己100天每天走的步数(单位：千步)得到频率分布表(表10-7)和频率直方图(图10-6)。

表 10-7

分组	频数	频率
[4，6)	5	0.05
[6，8)	15	0.15
[8，10)	20	0.20
[10，12)	a	b
[12，14)	20	0.20
[14，16]	10	0.10
合计	100	1

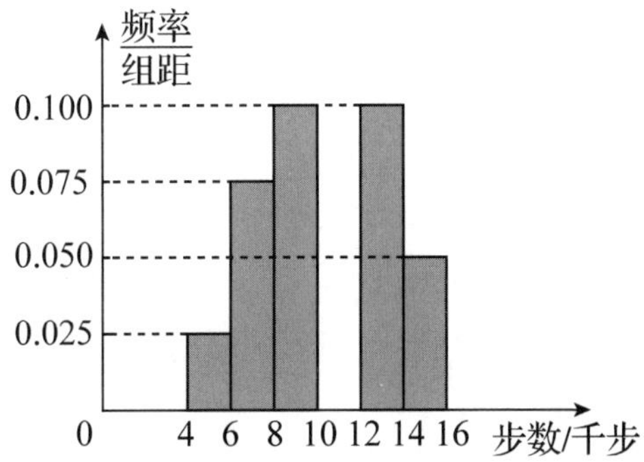

图 10-6

(1)求频率分布表中 a，b 的值；(2)补全频率直方图。

同步练习提高训练

1. 为了加强中学生实践、创新和团队建设能力的培养，促进教育教学改革，市教育局举办了全市中学生创新知识竞赛。某中学共有 150 名学生参加选拔赛，为了解成绩情况，从中抽取 50 名学生的成绩(得分均为整数，满分为 100 分)进行统计，请你根据尚未完成的频率分布表(表 10-8)，解答下列问题。

表 10-8

	分组	频数	频率
第 1 组	60～70		0.26
第 2 组	70～80	17	
第 3 组	80～90	18	0.36
第 4 组	90～100		
合计		50	1

(1)完成频率分布表(直接写出结果)；(2)作出频率直方图。

2. 新型肺炎疫情发生后，口罩的需求量大增，某口罩厂为了提高生产效率，开展技术创新活动，提出两种新的生产方式。为比较两种生产方式的效率，选取 80 名工人，将他们随机分成两组，每组 40 人，第一种生产方式的 40 名工人完成同一生产任务所用时间(单位：min)如表 10-9 所示。

表 10-9

68	72	85	77	83	82	90	83	89	84
88	87	76	91	79	90	87	91	86	92
88	87	81	76	95	94	63	87	85	71
96	63	74	85	92	99	87	82	75	69

填写第一种生产方式完成任务所用时间的频数分布表(表 10-10)，并作出频率直方图。

表 10-10

生产时间	[60，70)	[70，80)	[80，90)	[90，100)
频数				

3. 物业公司为了改善某小区的空气质量和居住环境，计划将小区内部的空地种植绿植。为了解该小区居民对种植绿植的态度，在该小区随机抽查了 100 人进行调查，调查情况如表 10-11 所示。

表 10-11

年龄段	[15，25)	[25，35)	[34，45)	[45，55)	[55，65)	[65，75]
频数	5	15	20	n	20	10
赞成人数	3	12	17	18	16	2

(1)求出表格中 n 的值；(2)完成被调查人员年龄的频率直方图。

10.1.2 总体集中趋势的估计

知识要点

我们知道，一组数据的总和除以这组数据的个数所得的商叫这组数据的________；将一组数据按大小顺序排列，处在最中间位置的一个数或中间的两个数的平均数叫作这组数据的________；在一组数据中，重复出现次数最多的数叫作这组数据的________。

典型例题

例 第24届北京冬奥会的某特许经销商品，自2022年发售以来，热度一直不减。根据某网站统计：2022年1月28日至2月22日购买该特许商品的人群的频率直方图如图10-7所示。

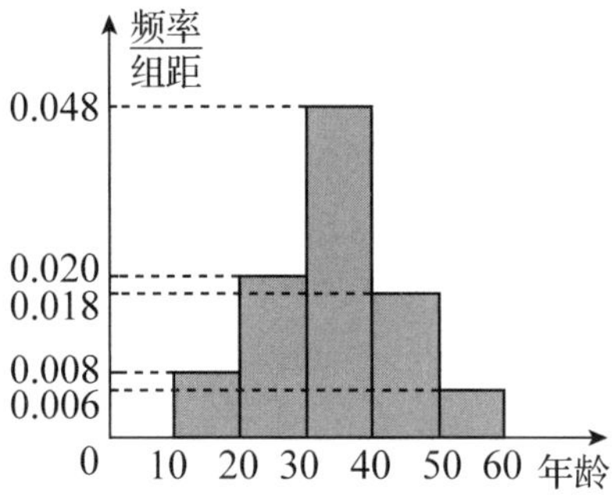

图 10-7

求出频率直方图中购买者年龄的众数、平均数。(近似到个位数)

分析： 由频率直方图可直接求得众数，按照平均数的估计方法可求得平均数。

解： 由频率直方图可知：众数为35，平均数为 $\overline{x}=0.08\times15+0.2\times25+0.48\times35+0.18\times45+0.06\times55=34.4\approx34$(岁)。

同步练习基础训练

一、选择题

1. 某中学春季运动会上，12名参加跳高半决赛学生的成绩各不相同，按成绩从高到低取前6名进入决赛，如果小明知道自己的成绩，则他可根据其他11名同学成绩的(　　)判断自己能否进入决赛。

A. 中位数　　B. 平均数　　C. 极差　　D. 方差

2. 某高中学校为调查该校高一年级学生的体育锻炼情况，通过随机抽样抽取100名学生，统计其一周的体育锻炼次数，统计数据如图10-8所示．则此100人一周的人均体育锻炼次数为(　　)。

A. 3.9　　B. 4.5　　C. 5.1　　D. 5.5

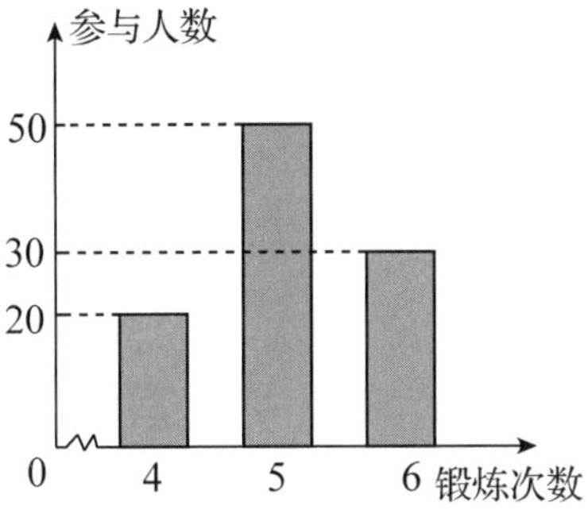

图 10-8

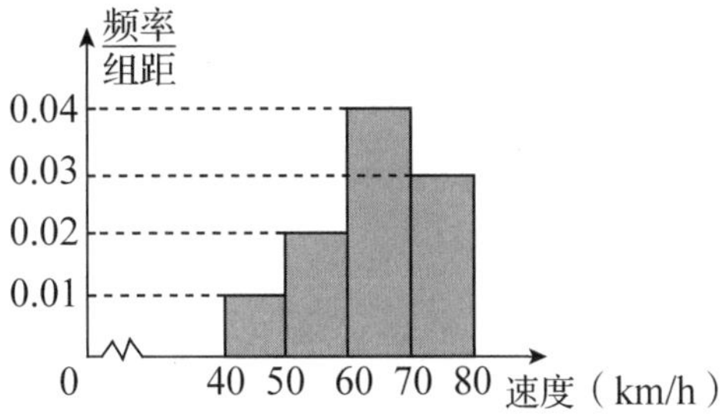

图 10-9

3. 200 辆汽车通过某一段公路时的时速的频率直方图如图 10-9 所示，则时速的众数、中位数的估计值分别为(　　)。

A. 62，62.5　　B. 65，62　　C. 65，63.5　　D. 65，65

4. 某电视台歌手大赛节目从甲、乙导师的队员中各选出 7 名歌手参加比赛，他们取得的成绩(满分 100 分)的茎叶图如图 10-10 所示，其中甲导师的学生成绩的众数是 85，乙导数的学生成绩的中位数是 83，则 $x+y$ 的值为(　　)。

甲		乙
8　9	7	6
5　x　0	8	1　1　y
6　2	9	1　1　6

图 10-10

A. 7　　B. 8

C. 9　　D. 10

二、填空题

5. 某企业为了解下属某部门对本企业职工的服务情况，随机访问 50 名职工，根据这 50 名职工对该部门的评分，绘制频率直方图，如图 10-11 所示，其中样本数据分组区间为[40，50]，(50，60]，…，(80，90]，(90，100]。

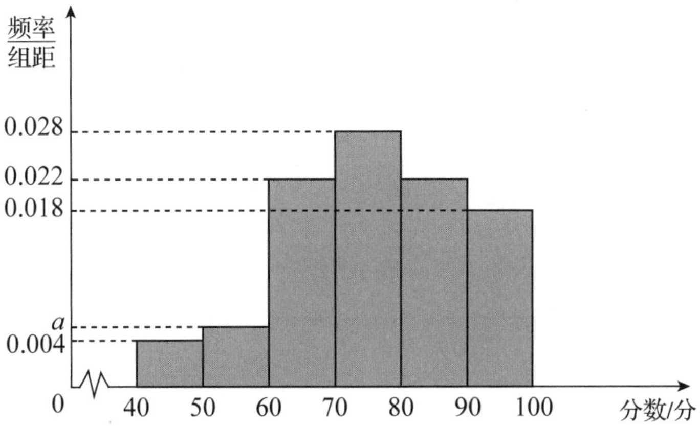

图 10-11

(1)频率分布图中 $a=$________；

(2)估计该企业的职工对该部门评分不低于 80 分的概率为________；

(3)本次评分的众数为________、中位数为________、平均数为________。

6. 已知一组数据 -3，$2a$，4，$5-a$，1，9 的平均数为 3(其中 $a\in\mathbf{R}$)，则这组数的中位数为________。

三、计算题

7. 某校为了解高二年级学生的数学成绩情况，随机抽查 100 名学生成绩，绘制频率直方图(图 10-12)，其中样本数据分组区间为[40，50)，[50，60)，[60，70)，[70，80)，[80，90)，[90，100]。

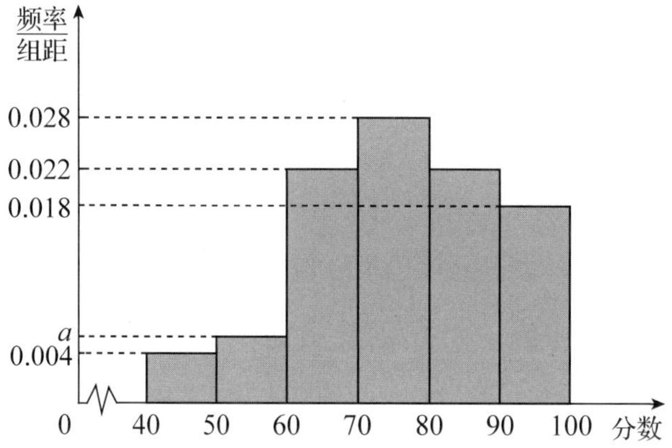

图 10-12

(1)求频率直方图中 a 的值；

(2)估计该校高二年级学生的数学成绩的中位数(小数点后保留两位)。

8. 为预防新冠病毒感染，除了遵守各项防疫规章制度外，加强体育锻炼也很重要，为此，某校组织高三学生 400 人参加“体育基本素质技能大赛”，按某项比赛结果所在区间分组。第 1 组：[25，30)，第 2 组：[30，35)，第 3 组：[35，40)，第 4 组：[40，45)，第 5 组：[45，50)，得到不完整的人数统计表如表 10-12 所示。

表 10-12

年龄所在区间	[25，30)	[30，35)	[35，40)	[40，45)	[45，50)
人数	40	40	a	120	b

其频率直方图如图 10-13 所示。

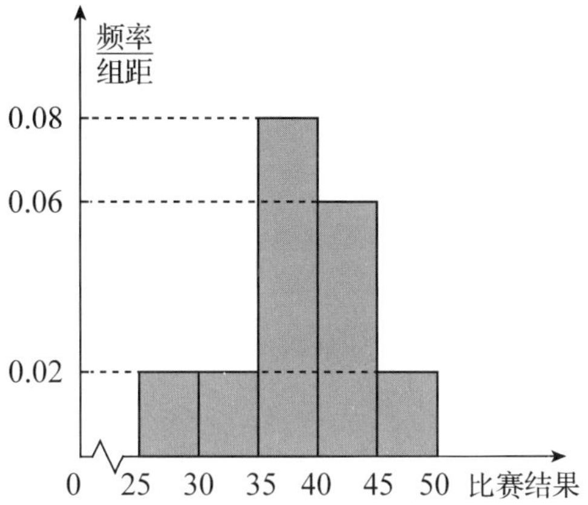

图 10-13

(1)求人数统计表中 a，b 的值；

(2)根据频率直方图，估计该项比赛的众数、中位数。

同步练习提高训练

1. 新型肺炎疫情发生后，口罩的需求量大增，某口罩厂为了提高生产效率，开展技术创新活动，提出两种新的生产方式。为比较两种生产方式的效率，选取 80 名工人，将他们随机分成两组，每组 40 人。

第二种生产方式的 40 名工人完成同一生产任务所用时间(单位：min)如图 10-14 所示。

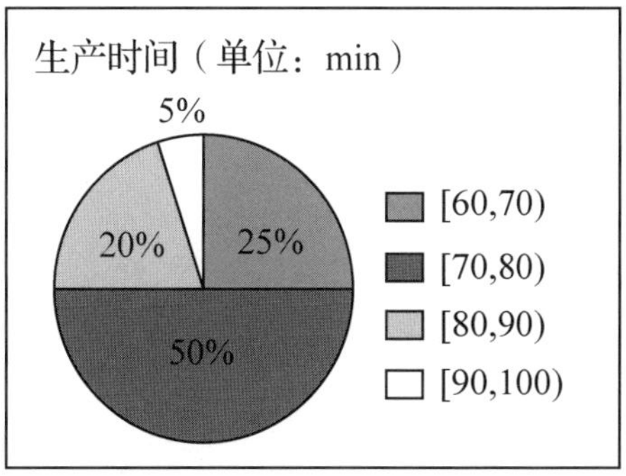

图 10-14

试从饼图中估计第二种生产方式的平均数。

2. 为了解中学生身高和性别之间的关系，现调查了某中学高三年级两个班共 120 名学生的身高(单位：cm)，男生和女生的身高数据如表 10-13 和表 10-14 所示(空白格表示没有相对应身高的男生或女生)。

表 10-13

身高(cm) 人数 性别	153	154	155	157	159	160	164	165	166	167	168	170	171	172
男									2	3		6	1	2
女	1	2	2	2	4	4	5	9	4		2	3	4	4

表 10-14

身高(cm) 人数 性别	173	174	175	176	177	178	179	180	181	183	184	185	188	193
男	6	1	7	2	2	7	4	2	2	4	3	3	2	1
女	2	2	4	1	1	1		3						

分别计算这 120 名学生身高的平均数、中位数和众数。

10.1.3　总体离散程度的估计

知识要点

一组数据的最大值与最小值的差称为极差。标准差一般用________表示，计算公式为________________。方差是标准差的平方，计算公式为________________。

典型例题

例 1　甲、乙两人在一次射击比赛中各射靶 5 次，两人成绩的条形统计图如图 10-15 所示，则(　　)。

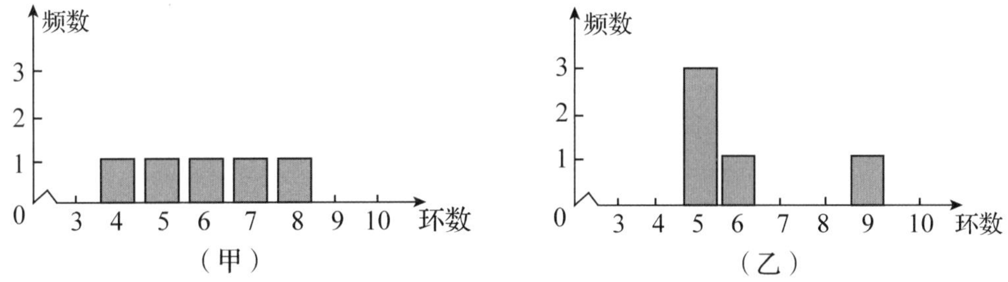

图 10-15

A. 甲的成绩的平均数小于乙的成绩的平均数

B. 甲的成绩的中位数等于乙的成绩的中位数

C. 甲的成绩的方差小于乙的成绩的方差

D. 甲的成绩的极差小于乙的成绩的极差

分析：由题意可知，甲的成绩为 4，5，6，7，8，乙的成绩为 5，5，5，6，9。所以甲、乙的成绩的平均数均为 6，A 错误；甲、乙的成绩的中位数分别为 6，5，B 错误；甲、乙的成绩的方差分别为$\frac{1}{5}\times[(4-6)^2+(5-6)^2+(6-6)^2+(7-6)^2+(8-6)^2]=2$，$\frac{1}{5}\times[(5-6)^2+(5-6)^2+(5-6)^2+(6-6)^2+(9-6)^2]=\frac{12}{5}$，C 正确；甲、乙的成绩的极差均为 4，D 错误。选 C。

例 2　对某商店一个月内每天的顾客人数进行了统计，得到样本的茎叶图(图 10-16)，则该样本的中位数、众数、极差分别是(　　)。

A. 46，45，56　　　B. 46，45，53

C. 47，45，56　　　D. 45，47，53

1	2 5
2	0 2 3 3
3	1 2 4 4 8 9
4	5 5 5 7 7 8 8 9
5	0 0 1 1 4 7 9
6	1 7 8

图 10-16

分析：从茎叶图中可以看出样本数据的中位数为中间两个数的平均数即$\frac{45+47}{2}=46$，众数是45，极差为$68-12=56$，故选A。

同步练习基础训练

一、选择题

1. 已知一组数据x_1，x_2，…，x_{10}，2的平均数为2，方差为1，则数据组x_1，x_2，…，x_{10}相对于原数据(　　)。

A. 一样稳定　　B. 变得比较稳定

C. 变得比较不稳定　　D. 稳定性不可以判断

2. 甲、乙两名学生6次考试的成绩如图10-17所示，且这6次成绩的平均分分别为$\overline{x}_{甲}$，$\overline{x}_{乙}$，标准差分别为$\sigma_{甲}$，$\sigma_{乙}$，则(　　)。

A. $\overline{x}_{甲}<\overline{x}_{乙}$，$\sigma_{甲}<\sigma_{乙}$

B. $\overline{x}_{甲}<\overline{x}_{乙}$，$\sigma_{甲}>\sigma_{乙}$

C. $\overline{x}_{甲}>\overline{x}_{乙}$，$\sigma_{甲}<\sigma_{乙}$

D. $\overline{x}_{甲}>\overline{x}_{乙}$，$\sigma_{甲}>\sigma_{乙}$

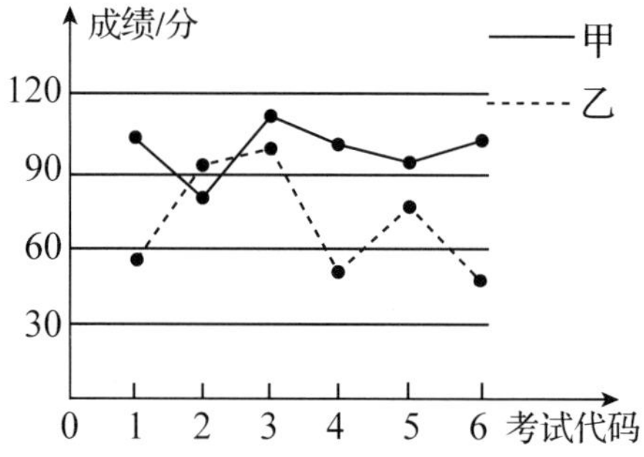

图 10-17

3. 某演讲比赛中共有9位评委分别给出某选手的原始评分，评定该选手的成绩时，从9个原始评分中去掉1个最高分、1个最低分，得到7个有效评分。7个有效评分与9个原始评分相比，不变的数字特征是(　　)。

A. 中位数　　B. 平均数　　C. 方差　　D. 极差

4. 某学生10次测评成绩的数据茎叶图如图10-18所示，总体的中位数为12. 若要使总体的标准差最小，则$4x+2y$的值是(　　)。

A. 12　　B. 14

C. 16　　D. 18

0	2	2	3	4
1	x	y	9	9
2	0	1		

图 10-18

二、填空题

5. 如图10-19所示是某名学生近5次数学测试成绩(单位：分)的茎叶图，其中有一次测试成绩记录不清楚，其末位数记为x，若该学生这5次数学测试成绩的中位数是122分，则该学生这5次数学测试成绩的平均数是________分。

11	7
12	2　x　5
13	3

图 10-19

6. 某校从参加高一年级期末考试的学生中随机抽取60名学生的成绩(单位：分，均为整数)，成绩的频率直方图如图10-20所示，由此估计此次考试成绩的中位数为__________、众数为________、平均数为________。

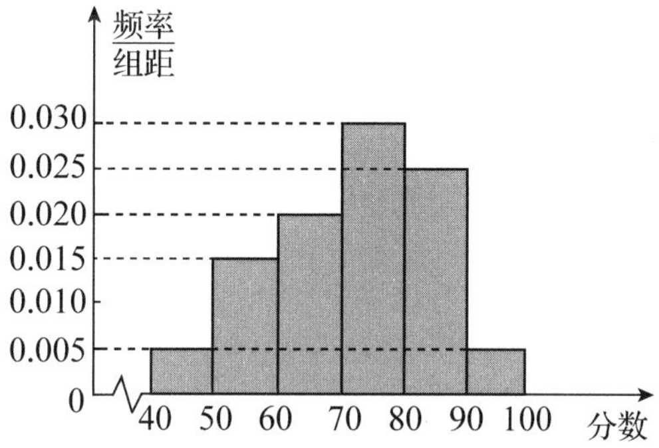

图 10-20

三、计算题

7. 如果数据 x_1，x_2，…，x_n 的方差为4，则数据 $3x_1+7$，$3x_2+7$，…，$3x_n+7$ 的标准差为多少？

8. 某学生在高三年级的5次阶段性考试中，数学成绩依次为110，114，121，119，126，则这组数据的方差是多少？

9. 设样本数据 x_1，x_2，…，$x_{2\,017}$ 的方差是4，若 $y_i=2x_i-1(i=1, 2, \cdots, 2\,017)$，则 y_1，y_2，…，$y_{2\,017}$ 的方差为________。

同步练习提高训练

1. 数据 a_1，a_2，a_3，…，a_n 的方差为 σ^2，则数据 $2a_1$，$2a_2$，$2a_3$，…，$2a_n$ 的方差为(　　)。

A. $\frac{\sigma^2}{2}$　　B. σ^2　　C. $2\sigma^2$　　D. $4\sigma^2$

2. 已知一组数据 6，7，8，8，9，10，则该组数据的方差是________。

3. 如图 10-21 所示是某班级 10 名男生引体向上的测试成绩的茎叶图，则这组数据的方差是________。

0	7	8	8	9	9
1	0	1	2	3	3

图 10-21

10.2 一元线性回归

10.2.1 样本线性相关关系

知识要点

如果两个变量有关系，但又不是确定的必然关系，这种关系称为________。________关系是一种随机关系，当一个变量的值确定后，另一个变量虽然与它有密切关系，但是仍无法完全确定。

借助________可以直观地判断出两个变量是否存在相关关系。从整体上看，当一个变量的值增加时，另一个变量的值也呈现增加的趋势，我们就称这两个变量________相关；如果当一个变量的值增加时，另一个变量的值呈现减少的趋势，我们就称这两个变量________相关。

一般地，如果两个变量的取值呈现正相关或负相关，且散点的分布大致落在一条直线的附近，就称这两个变量________相关．通常把这两个变量之间的相关关系称为________。

典型例题

例 1　下列结论正确的个数是(　　)。

①相关关系与函数关系都是一种确定性的关系，也是一种因果关系。

②“名师出高徒”可以解释为教师的教学水平与学生的水平成正相关关系。

③只有两个变量有相关关系，所得的回归模型才有预测价值。

④某学生研究卖出的热饮杯数 y 与气温 x(℃)之间的关系，得回归方程 $\hat{y}=-2.352x+147.767$，则气温为 2 ℃时，一定可卖出 143 杯热饮。

A. 0　　　　B. 1　　　　C. 2　　　　D. 3

分析： 相关关系不是确定性的关系，故①错误；②③正确；根据回归方程可知，$x=2$ 时，$y=143.063$，即气温为 2 ℃时，可能而不是一定卖出 143 杯热饮，故④错误。选 C。

例 2　下列四个散点图中，变量 x 与 y 之间具有负的线性相关关系的是(　　)。

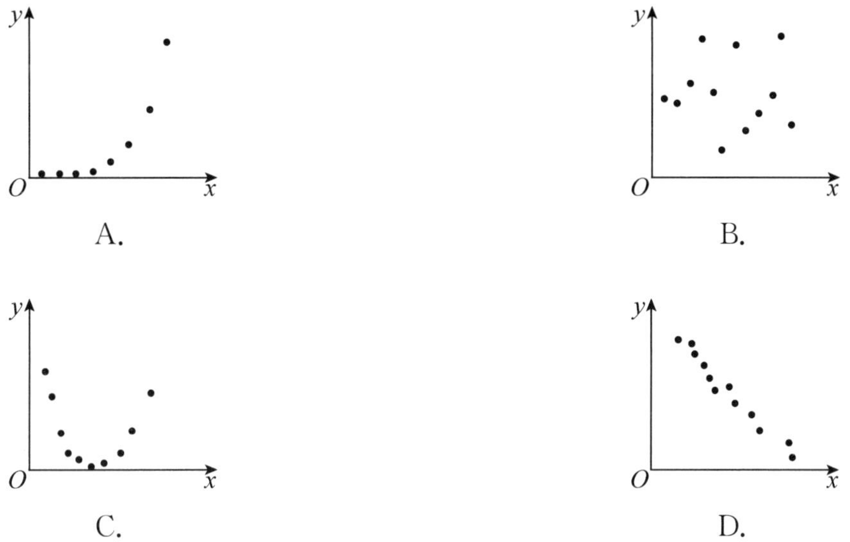

分析： 观察散点图可知，只有 D 选项的散点图表示的是变量 x 与 y 之间具有负的线性相关关系。选 D。

同步练习基础训练

一、选择题

1. 下列关系中，属于相关关系的是(　　)。

A. 正方形的边长与面积

B. 学生的学习兴趣与学习成绩

C. 出租车车费与行驶路程

D. 角度与弧度的换算关系

2. 某商家今年上半年每月的人均销售额(单位：千元)与利润率统计表如表 10-15 所示。

表 10-15

月份	1	2	3	4	5	6
人均销售额	6	5	8	3	4	7
利润率(%)	12.5	10.4	18.5	3.0	8.1	16.3

根据表中数据，下列说法正确的是(　　)。

A. 利润率与人均销售额呈正相关关系

B. 利润率与人均销售额呈负相关关系

C. 利润率与人均销售额呈正比例函数关系

D. 利润率与人均销售额呈反比例函数关系

3. 下列四个散点图中，变量 x 与 y 之间没有相关关系的是(　　)。

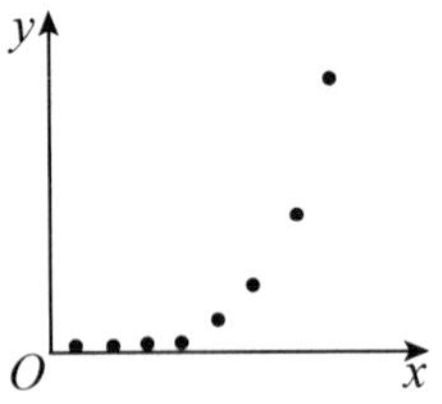

A.

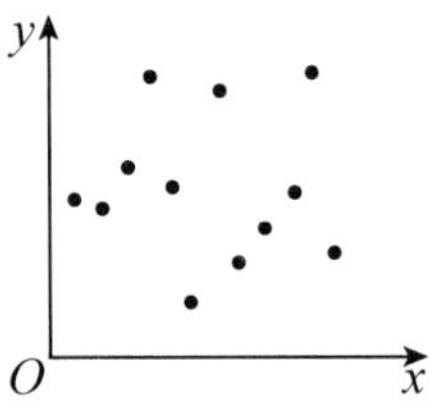

B.

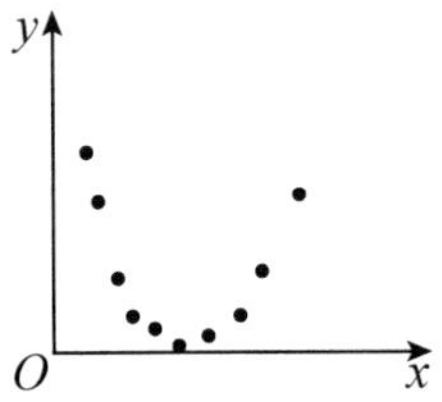

C.

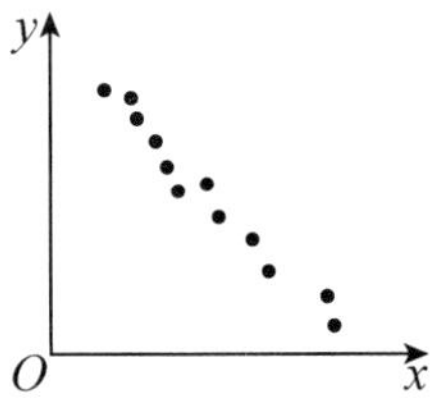

D.

4. 已知变量 x 和 y 满足关系 $y=-x+1$，变量 y 与 z 满足 $z=3y+2$，下列结论中正确的是(　　)。

A. x 与 y 负相关，x 与 z 负相关

B. x 与 y 正相关，x 与 z 正相关

C. x 与 y 正相关，x 与 z 负相关

D. x 与 y 负相关，x 与 z 正相关

二、填空题

5. 观察下列关于两个变量 x 和 y 的三个散点图(图 10-22)，它们从左到右的对应关系依次为______相关、________相关、______相关。

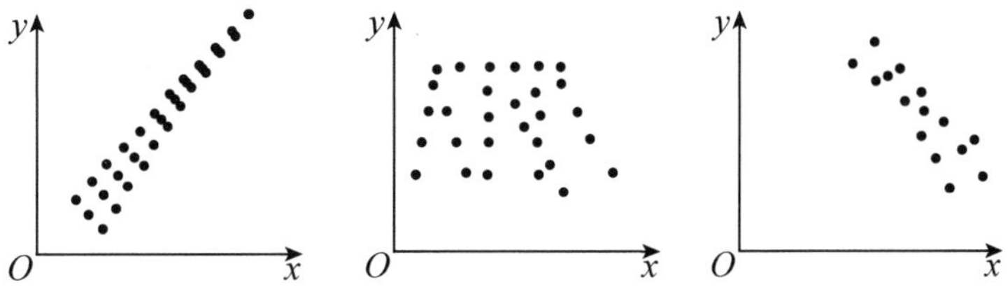

图 10-22

6. 下列两个变量之间的关系是相关关系的是(　　)。

A. 正方体的棱长与体积

B. 土地单位面积的产量为常数时，土地总面积与总产量

C. 日照时间与水稻的亩产量

D. 电阻一定时，电流与电压

三、解答题

7. 2022 年交警统计了某路段过往车辆的车速与发生交通事故的次数，得到如表 10-16 所示的数据：

表 10-16

车速 $x/(\mathrm{km\cdot h^{-1}})$	60	70	80	90	100
事故次数 y	1	3	6	9	11

请在图 10-23 中画出表 10-16 中数据的散点图。

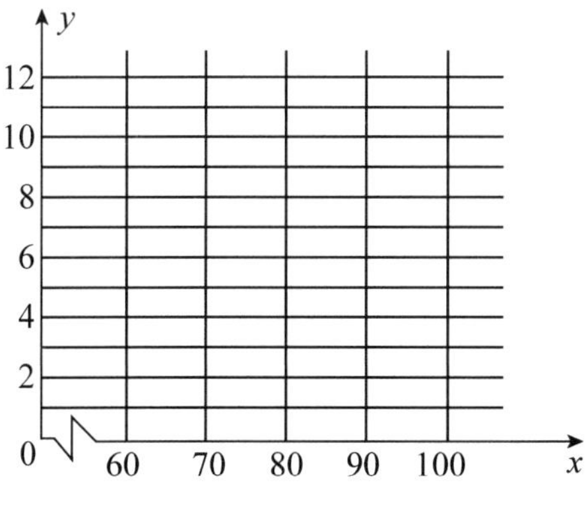

图 10-23

8. 某企业进行深化改革，使企业的年利润不断增长．该企业记录了从 2013 年到 2018 年的年利润 y(单位：百万元)的相关数据，如表 10-17 所示。

表 10-17

年份	2013	2014	2015	2016	2017	2018
年份代号 t	1	2	3	4	5	6
年利润 y/百万元	3	5	8	11	13	14

根据表中数据，以年份代号 t 为横坐标、年利润 y 为纵坐标在图 10-24 中建立平面直角坐标系，根据所给数据作出散点图。

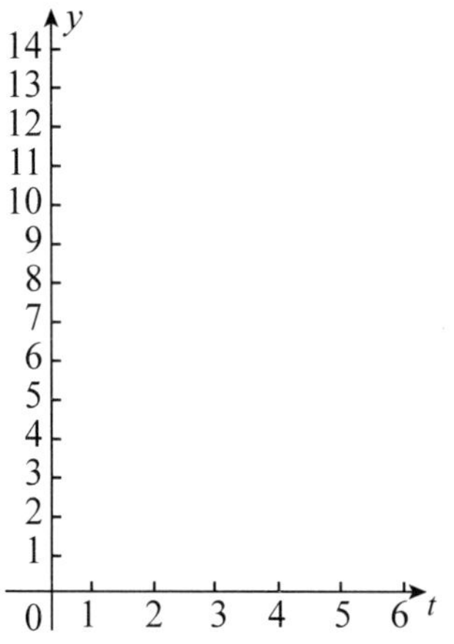

图 10-24

9. 随着智能手机的普及，使用手机上网成为人们日常生活的一部分，因此很多消费者对手机流量的需求越来越大。某通信公司为了更好地满足消费者对流量的需求，准备推出一款流量包。该通信公司选了 5 个城市(总人口数、经济发展情况、消费能力等方面比较接近)作为试点并分别对其采用不同的定价方案，经过一个月的统计调查，发现该流量包的定价 x(单位：元/月)和购买人数 y(单位：万人)的关系如表 10-18 所示。

表 10-18

流量包的定价 x/(元/月)	30	35	40	45	50
购买人数 y/万人	18	14	10	8	5

根据表中的数据，分析说明 y 与 x 的关系，并指出它们之间是正相关还是负相关。

同步练习提高训练

1. 已知某次考试之后，班主任从全班学生中随机抽取一个容量为 8 的样本，他们的数学、物理成绩(单位：分)对应如表 10-19 所示。

表 10-19

学生编号	1	2	3	4	5	6	7	8
数学成绩	60	65	70	75	80	85	90	95
物理成绩	72	77	80	84	88	90	93	95

给出散点图如图 10-25 所示。

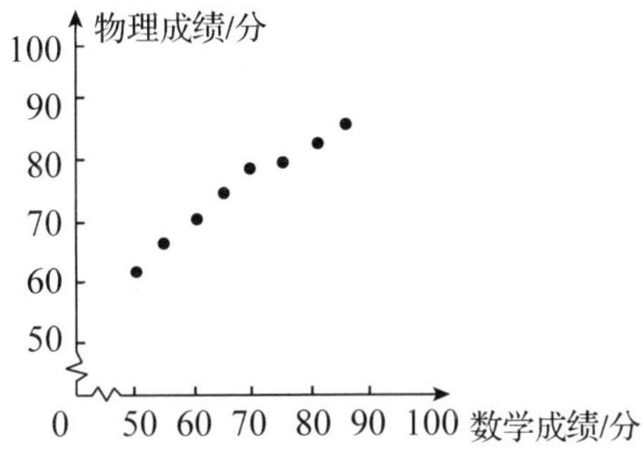

图 10-25

根据以上信息，判断下列结论：

①根据散点图，可以判断数学成绩与物理成绩具有线性相关关系；

②根据散点图，可以判断数学成绩与物理成绩具有一次函数关系；

③从全班随机抽取甲、乙两名学生，若甲数学成绩为 80 分，乙数学成绩为 60 分，则甲的物理成绩一定比乙的物理成绩高。

其中正确的个数为________。

2. 为了研究某大型超市开业天数与销售额的情况，随机抽取了 5 天，其开业天数与每天的销售额的情况如表 10-20 所示。

表 10-20

开业天数 x/天	10	20	30	40	50
销售额 y/(万元/天)	62	[illegible]	75	81	89

根据上表提供的数据，求得 y 关于 x 的线性回归方程为 $\hat{y}=0.67x+54.9$，由于表中有一个数据看不清，请你推断出该数据的值为(　　)。

A. 67　　B. 68　　C. 68.3　　D. 71

10.2.2　一元线性回归模型及其应用

知识要点

一般地，如果两个变量的取值呈现正相关或负相关，且散点的分布大致落在一条直线的附近，就称这两个变量________相关。通常把这两个变量之间的相关关系称为________。

典型例题

例 1　4 名同学根据各自的样本数据研究变量 x，y 之间的相关关系，并求得线性回归方程，分别得到以下 4 个结论：

①y 与 x 负相关且 $\hat{y}=-2.756x+7.325$；②y 与 x 负相关且 $\hat{y}=3.476x+5.648$；③y 与 x 正相关且 $\hat{y}=-1.226x-6.578$；④y 与 x 正相关且 $\hat{y}=8.967x+8.163$。

其中不正确的结论的序号是(　　)。

A. ①②　　B. ②③　　C. ③④　　D. ①④

分析： 对于①，线性回归方程符合负相关的特征，此结论正确；

对于②，由线性回归方程知，y 与 x 的关系是正相关，此结论错误；

对于③，由线性回归方程知，y 与 x 的关系是负相关，此结论错误；

对于④，线性回归方程符合正相关的特征，此结论正确。

例 2　某校高三“数学月”活动记录了 4 名学生改进数学学习方法后，每天增加学习时间 x(分钟)与月考成绩增加分数 y(分)的几组对应数据如表 10-21 所示。

表 10-21

x	3	4	5	6
y	2	4	m	5

根据表中提供的数据，若求出 y 关于 x 的线性回归方程为 $\hat{y}=0.8x+0.35$，则表中 m 的值为(　　)。

A. 4　　B. 4.15　　C. 4.8　　D. 4.35

分析： 根据线性回归方程过样本点的中心 $\left(\frac{3+4+5+6}{4}, \frac{2+4+m+5}{4}\right)$，即 $\left(\frac{9}{2},\frac{11+m}{4}\right)$，可得 $\frac{11+m}{4}=0.8\times\frac{9}{2}+0.35$，解得 $m=4.8$。故选 C。

同步练习基础训练

一、选择题

1. 某运动制衣品牌为了使成衣尺寸更精准，现选择 15 名志愿者，对其身高和臂展进行测量(单位：cm)，图 10-26(甲)为选取的 15 名志愿者身高与臂展的折线图，图 10-26(乙)为身高与臂展所对应的散点图，并求得其回归方程为 $\hat{y}=1.16x-30.75$，以下结论中不正确的为(　　)。

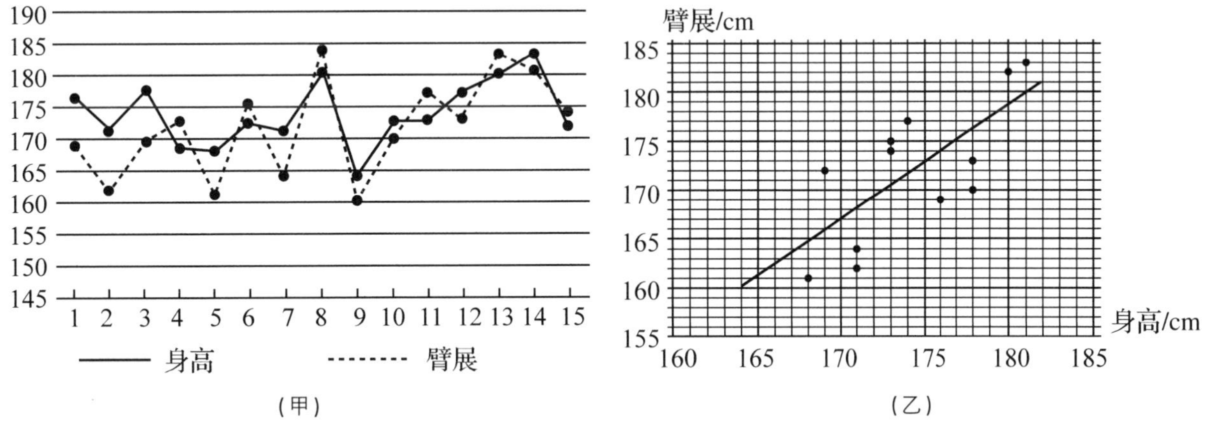

图 10-26

A. 15 名志愿者身高的极差小于臂展的极差

B. 15 名志愿者身高和臂展呈正相关关系

C. 可估计身高为 190 cm 的人臂展为 189.65 cm

D. 身高相差 10 cm 的两人臂展都相差 11.6 cm

2. 某汽车销售公司统计了某款汽车行驶里程 x(万千米)与维修保养费用 y(万元)的 5 组数据，并根据这 5 组数据求得 y 与 x 的线性回归方程为 $\hat{y}=0.46x+0.16$. 由于工作人员疏忽，行驶 8 万千米的维修保养费用的数据被污损了，如表 10-22 所示。

表 10-22

行驶里程 x/万千米	1	2	4	5	8
维修保养费用 y/万元	0.50	0.90	2.30	2.70	[illegible]

则被污损的数据为(　　)。

A. 3.20　　B. 3.60　　C. 3.76　　D. 3.84

3. 根据如表 10-23 的数据，得到的回归方程为 $\hat{y}=\hat{b}x+9$，则 $\hat{b}=$(　　)。

表 10-23

x	4	5	6	7	8
y	5	4	3	2	1

A. 2　　B. 1　　C. 0　　D. -1

4. 下列四个命题中正确的是(　　)。

A. 由独立性检验可知，有99%的把握认为物理成绩与数学成绩有关，若某人数学成绩优秀，则他的物理成绩一定优秀

B. 两个随机变量的相关性越强，则相关系数的绝对值越接近于0

C. 在线性回归方程 $\hat{y}=0.2x+12$ 中，当变量 x 每增加1个单位时，变量 $\hat{y}$ 增加0.2个单位

D. 线性回归方程对应的直线 $\hat{y}=\hat{b}x+\hat{a}$ 至少经过其样本数据点中的一个点

二、填空题

5. 已知 x 与 y 之间的一组数据如表10-24所示。

表 10-24

x	0	1	2	3
y	m	3	5.5	7

已求得 y 关于 x 的线性回归方程为 $\hat{y}=2.1x+0.85$，则 m 的值为________。

6. 某汽车4S店销售甲品牌A型汽车，在元旦期间，对该型汽车进行了降价促销活动，根据以往数据统计，该型汽车的价格与月销售量之间有如下关系(表10-25)。

表 10-25

价格/万元	25	23.5	22	20.5
月销售量/辆	30	33	36	39

已知A型汽车的月销售量 y(辆)与价格 x(万元)符合线性回归方程 $\hat{y}=\hat{b}x+80$。若A型汽车价格降到19万元，则预测它的月销售量是________辆。

三、解答题

7. 最近青少年的视力健康问题引起国家的高度重视，某地区为了解当地24所小学、24所初中和12所高中的学生的视力状况，准备采用分层抽样的方法从这些学校中随机抽取5所学校对学生进行视力调查。

(1)若从所抽取的5所学校中再随机抽取3所学校进行问卷调查，求抽到的这3所学校中，小学、初中、高中分别有1所的概率；

(2)若某小学被抽中，调查得到了该小学一至五年级近视率 y 的数据如表10-26所示。

表 10-26

年级 x	一	二	三	四	五
近视率 y	0.05	0.09	0.16	0.20	0.25

根据一至五年级的数据，利用最小二乘法求出 y 关于 x 的线性回归方程，并根据方程预测该地区六年级学生的近视率。

参考公式：对于一组数据(x_1, y_1)，(x_2, y_2)，…，(x_n, y_n)，其回归直线 $\hat{y}=\hat{b}x+\hat{a}$ 的斜率和截距的最小二乘法估计公式分别为

$$\hat{b}=\frac{\sum_{i=1}^{n}x_iy_i-n\overline{x}\,\overline{y}}{\sum_{i=1}^{n}x_i^2-n\overline{x}^2}，\quad \hat{a}=\overline{y}-\hat{b}\overline{x}。$$

参考数据：$\sum_{i=1}^{5}x_iy_i=2.76$，$\sum_{i=1}^{5}x_i^2=55$。

8. 某公司为了提高利润，连续7年每年对生产环节进行改进，投资金额与年利润增长的数据如表10-27所示。

表 10-27

年份代码	1	2	3	4	5	6	7
投资金额 x/万元	4.5	5.0	5.5	6.0	6.5	7.0	7.5
年利润增长量 y/万元	6.0	7.0	7.4	8.1	8.9	9.6	11.1

请用最小二乘法求出 y 关于 x 的回归方程；如果第8年该公司计划对生产环节的改进投资8万元，则该公司在该年的年利润增长量为多少？(结果保留两位小数)

参考公式：对于一组数据(x_1, y_1)，(x_2, y_2)，…，(x_n, y_n)，其回归直线 $\hat{y}=\hat{b}x+\hat{a}$

的斜率和截距的最小二乘估计分别为 $\hat{b}=\dfrac{\sum\limits_{i=1}^{n}x_iy_i-n\overline{x}\,\overline{y}}{\sum\limits_{i=1}^{n}x_i^2-n\overline{x}^2}$，$\hat{a}=\overline{y}-\hat{b}\overline{x}$。

参考数据：$\sum\limits_{i=1}^{7}x_iy_i=359.6$，$\sum\limits_{i=1}^{7}x_i^2=259$。

同步练习提高训练

1. 第 79 页第三大题第 7 小题的情况中，

(1)请根据表 10-16 提供的数据，求出 y 关于 x 的线性回归方程 $\hat{y}=\hat{b}x+\hat{a}$；

(2)根据(1)所得速度与事故发生次数的规律，试说明交管部门可采取什么措施以减少事故的发生。

参考公式：对于一组数据(x_1, y_1)，(x_2, y_2)，…，(x_n, y_n)，其回归直线 $\hat{y}=\hat{b}x+\hat{a}$ 的斜率和截距的最小二乘估计分别为 $\hat{b}=\dfrac{\sum\limits_{i=1}^{n}x_iy_i-n\overline{x}\,\overline{y}}{\sum\limits_{i=1}^{n}x_i^2-n\overline{x}^2}$，$\hat{a}=\overline{y}-\hat{b}\overline{x}$。

2. 某大型高端制造公司为响应《中国制造 2025》中提出的坚持“创新驱动、质量为先、绿色发展、结构优化、人才为本”的基本方针，准备加大产品研发投资，表 10-28 是该公司某年 5～12 月研发费用(百万元)和产品销量(万台)的具体数据。

表 10-28

月份	5	6	7	8	9	10	11	12
研发费用 x/百万元	2	3	6	10	21	13	15	18
产品销量 y/万台	1	1	2	2.5	6	3.5	3.5	4.5

根据数据可知 y 与 x 之间存在线性相关关系。

(1)求出 y 关于 x 的线性回归方程(系数精确到 0.001)；

(2)若第二年 6 月研发投入 25 百万元，根据所求的线性回归方程估计当月产品的销量。

参考公式：对于一组数据(x_1, y_1)，(x_2, y_2)，…，(x_n, y_n)，其回归直线 $\hat{y}=\hat{b}x+\hat{a}$ 的斜率和截距的最小二乘估计分别为 $\hat{b}=\dfrac{\sum\limits_{i=1}^{n}x_iy_i-n\overline{x}\,\overline{y}}{\sum\limits_{i=1}^{n}x_i^2-n\overline{x}^2}$，$\hat{a}=\overline{y}-\hat{b}\overline{x}$。

参考数据：$\sum\limits_{i=1}^{8}x_iy_i=347$，$\sum\limits_{i=1}^{8}x_i^2=1\ 308$。

9. 对于复数 $a+b\mathrm{i}$，下列结论正确的是(　　)。

A. $b=0\Leftrightarrow a+b\mathrm{i}$ 为实数

B. $a=0\Leftrightarrow a+b\mathrm{i}$ 为纯虚数

C. $a+(b-1)\mathrm{i}=3+2\mathrm{i}\Leftrightarrow a=3$，$b=-3$

D. -1 的平方等于 i

10. $\mathrm{i}+\mathrm{i}^2$ 在复平面内表示的点在(　　)。

A. 第一象限　　B. 第二象限　　C. 第三象限　　D. 第四象限

二、填空题(共 8 题，每题 4 分，共 32 分)

1. 所有复数组成的集合，叫作________，用“**C**”表示。

2. 已知 i 是虚数单位，则复数 $z=3+4\mathrm{i}$ 的实部是________，虚部是________。

3. 若 $z=(2-\mathrm{i})(4-\mathrm{i})$，则 $\overline{z}=$____________。

4. 在复平面内，复数 z 对应的点的坐标是(1，2)，则 $\mathrm{i}\cdot z=$______。

5. 若 $z=1+\mathrm{i}$，则 $|z^2-2z|=$________。

6. $(1-\mathrm{i})^4=$________。

7. $z=-3+2\mathrm{i}$，则在复平面内 $\overline{z}$ 对应的点位于第________象限。

8. 已知 a，$b\in\mathbf{R}$，且 $2+a\mathrm{i}$，$b+3\mathrm{i}$(i 是虚数单位)是实系数一元二次方程 $x^2+px+q=0$ 的两个根，那么 $a=$________，$b=$________。

三、解答题(共 6 题，第 1～5 题每题 6 分，第 6 题 8 分，共 38 分)

1. 若复数满足 $z=4-(1-\mathrm{i})^2=z(1-2\mathrm{i})$，求复数$|z|$。

2. 已知 $z\in\mathbf{C}$，$z_1=z+2\mathrm{i}$ 和 $z_2=\dfrac{z}{2-\mathrm{i}}$都是实数，求复数 z。

3. 已知 $2\mathrm{i}-3$ 是关于 x 方程 $2x^2+px+q=0$ 的一个根，求实数 p，q 的值。

4. 在复平面内，若复数 $z=(m^2-m-2)+(m^2-3m+2)\mathrm{i}$ 对应的点在直线 $y=x$ 上，求实数 m 的值。

D. 以上都不对

8. 已知复数 $z=(a^2-2a-3)+(a+1)i$ 为纯虚数，则实数 a 的值是(　　)。

A. -1　　B. 3　　C. 1　　D. -1 或 3

9. i 是虚数单位，若集合 $S=\{-1, 0, 1\}$，则(　　)。

A. $i\in S$　　B. $i^2\in S$　　C. $i^3\in S$　　D. $\frac{2}{i}\in S$

10. 若 $(x-i)i=y+2i(x, y\in \mathbf{R})$，则复数 $x+yi$ 等于(　　)。

A. $-2+i$　　B. $1-2i$　　C. $2+i$　　D. $1+2i$

二、填空题(共 8 题，每题 4 分，共 32 分)

1. 若复数 $z=(m-1)+(m+2)i$ 对应的点在直线 $y=2x$ 上，则实数 m 的值是________。

2. 设复数 z 满足 $i(z+1)=-3+2i$(i 是虚数单位)，则 z 的实部是________。

3. 设 i 是虚数单位，若复数 $a-\frac{10}{3-i}(a\in \mathbf{R})$ 是纯虚数，则 a 的值为________。

4. 在复平面内，复数 $1+i$ 与 $-1+3i$ 分别对应向量 $\overrightarrow{OA}$ 和 $\overrightarrow{OB}$，其中 O 为坐标原点，则 $|\overrightarrow{AB}|=$________。

5. 若 $z=a+bi$，则 $\bar{z}=a-bi$，$z+\bar{z}=$________，$z-\bar{z}=$________ $(b\neq 0)$。

6. 已知复数 $z=a+bi$ 的模 $|z|=\sqrt{a^2+b^2}$，则 $z\cdot |z|=$________。

7. 若复数 z_1，z_2 满足 $|z_1|=|z_2|=2$，$z_1+z_2=\sqrt{3}+i$，则 $|z_1-z_2|=$________。

8. 实数集在复数集中的补集是________。

三、解答题(共 6 题，第 1～5 题每题 6 分，第 6 题 8 分，共 38 分)

1. 已知 $z=1+i$，a，$b\in \mathbf{R}$，若 $\frac{z^2+az+b}{z^2-z+1}=1-i$，求 a，b 的值。

2. 设复数 z 和它的共轭复数 $\overline{z}$ 满足 $4z+2\overline{z}=3\sqrt{3}+\mathrm{i}$，求复数 z。

3. 设关于 x 的实系数一元二次方程 $ax^2+bx+c=0(ac\neq 0)$ 的两个虚根分别为 x_1，x_2，若 $|x_1-x_2|=|x_1+x_2|$，则 $\frac{b^2}{ac}$ 值是多少？

4. 已知复数 z 满足 $|3+4\mathrm{i}|+z=1+3\mathrm{i}$。

(1)求 $\overline{z}$；

(2)求 $\frac{(1+\mathrm{i})^2(4+3\mathrm{i})}{2\overline{z}}$。

二、填空题(共 8 题，每题 4 分，共 32 分)

1. $C_9^9+C_{10}^9+C_{11}^9+\cdots+C_{16}^9=$________。

2. 将 4 本不同的书分给甲、乙二人，有________种分配方案。

3. 有 10 个运动员名额，分给 7 个班，每班至少一个，有________种分配方案。

4. 乘积$(a_1+a_2+a_3)(b_1+b_2+b_3+b_4)(c_1+c_2)$展开后，共有________项。

5. 计算 $A_8^4-2A_8^2=$________。

6. $(a+b)^9$ 的各二项系数的最大值是________。

7. $\left(1+\dfrac{1}{x}\right)^4$ 展开式的第 3 项是________。

8. 把 4 名男生和 4 名女生排坐一排，女生要排在一起，不同的排法为________。(用式子表示)

三、解答题(共 6 题，第 1～5 题每题 6 分，第 6 题 8 分，共 38 分)

1. 三对双胞胎坐在一起照相，每对双胞胎都不能隔开坐，不同的坐法有多少种?

2. 某校高二年级共有 6 个班级，现从外地转入 4 名学生，要安排到该年级的 2 个班级且每班安排 2 名，则不同的安排方案有多少种?

3. 用 0，1，2，3，4，5 这 6 个数字组成无重复的四位数，其中偶数有多少个?

4. 6 人按下列要求站一横排，分别有多少种不同的站法?

(1)甲不站两端;

(2)甲、乙之间间隔两人;

(3)甲不站左端，乙不站右端。

较多的学校要连续参观 3 天，其余学校只参观 1 天，则在这 20 天内不同的安排方法有(　　)种。

A. $C_{20}^{3}C_{17}^{7}$　　B. A_{20}^{8}　　C. $C_{18}^{1}A_{17}^{7}$　　D. A_{18}^{8}

9. 若$(2-x^3)(x+a)^5$展开式的各项之和是 32，则 $a=$(　　)。

A. -1　　B. 1　　C. -2　　D. 2

10. 从 10 种不同的作物种子中选出 6 种放入 6 个不同的瓶子内展出，如果甲、乙两种种子不能放第一号瓶内，那么不同的放法共有(　　)种。

A. $C_{10}^{2}A_{8}^{4}$　　B. $C_{9}^{1}A_{9}^{5}$　　C. $C_{8}^{1}A_{9}^{5}$　　D. $C_{9}^{1}A_{8}^{5}$

二、填空题(共 8 题，每题 4 分，共 32 分)

1. 二项式$\left(2x-\dfrac{1}{x}\right)^{10}$的展开式中常数项为________。

2. A，B，C，D，E 5 名学生站成一排，A 不站队尾的排法种数为________。

3. 已知 $C_{15}^{5}=a$，$C_{15}^{9}=b$，则 $C_{16}^{10}=$________。

4. $(a+x)^5$ 展开式中 x^2 的系数为 10，则实数 a 的值为________。

5. 将 6 名教师平均分成 3 组，分别去 1，2，3 班任课，则不同的分配方案有________种。

6. $(1+2x)^5$ 的展开式中二项式系数最大的项是________。

7. 某一天的课程表要排入政治、语文、数学、物理、体育、美术共 6 节课，如果第一节不排体育，最后一节不排数学，那么共有________种不同的排课程表的方法。

8. 若 $C_{26}^{x}=C_{26}^{2x-1}$，则 $x=$________。

三、解答题(共 6 题，第 1～5 题每题 6 分，第 6 题 8 分，共 38 分)

1. 已知 $3!\,C_{n}^{3}=A_{10}^{3}$，求 n。

2. 求$\left(x^{2}+\frac{1}{x^{2}}-2\right)^{3}$的二项展开式中的常数项。

3. 某中学从高中7个班中选出12名学生组成校代表队，参加市中学数学应用题竞赛活动，则代表中每班至少有1人参加的选法有多少种?

4. 由数字0，1，2，3，4，5可以组成:

(1)多少个无重复数字的六位数?

(2)多少个被5整除的无重复数字的五位数?

不同的取法共有(　　)种。

A. 140　　B. 80　　C. 70　　D. 35

10. $(x-\sqrt{3})^{10}$ 的展开式中，x^6 的系数是(　　)。

A. $27C_{10}^4$　　B. $9C_{10}^4$　　C. $-9C_{10}^5$　　D. $-27C_{10}^5$

二、填空题(共 8 题，每题 4 分，共 32 分)

1. 设 i 是虚数单位，若复数 $z=1+2i$，则复数 z 的模为________。

2. 由数字 0，1，2，3，4，5 组成没有重复数字的六位数，其中个位数字小于十位数字的共有________个。

3. $(a-3b)^n$ 展开式中各项的系数和是________。

4. 若复数 z_1，z_2 满足 $z_1=1-2i$，$z_2=3+4i$(i 是虚数单位)，则 $z_1\cdot z_2$ 的虚部为________。

5. $4-3a-a^2i=a^2+4ai$，则实数 a 的值为________。

6. 如果 n 是正整数，则 $C_n^0+C_n^2+C_n^4+\cdots+C_n^{n-2}+C_n^n=$________。

7. 设复数 $(m^2-1)+(m+1)i$ 为纯虚数，则实数 m 的值为________。

8. 某外商计划在 4 个候选城市投资 3 个不同的项目，且在同一个城市投资的项目不超过 2 个，则该外商不同的投资方案有________种。

三、解答题(共 6 题，第 1～5 题每题 6 分，第 6 题 8 分，共 38 分)

1. 复数 $z=(m+1)+(m-1)i$ 对应的点在直线 $x+y-4=0$ 上，求实数 m 的值。

2. 求满足 $2x-1+(y+1)\mathrm{i}=x-y+(-x-y)\mathrm{i}$ 的实数 x，y 的值。

3. 已知复数 $z_1=(a+\mathrm{i})^2$，$z_2=4-3\mathrm{i}$，其中 a 是实数，若 $z_1=\mathrm{i}z_2$，求 a 的值。

4. 将 10 本不同的专著分成 3 本、3 本、3 本和 1 本，分别交给 4 位学者阅读，有多少种不同的分法？

B. 2 个球不都是红球的概率为$\frac{1}{3}$

C. 至少有 1 个红球的概率为$\frac{2}{3}$

D. 2 个球中恰有 1 个红球的概率为$\frac{1}{2}$

7. 若将 7 个相同的小球，放入 4 个不同的盒子，有(　　)种放法。

A. C_6^3　　B. C_7^3　　C. C_{11}^3　　D. C_{10}^3

8. A，B，C，D，E 5 人并排站成一排，如果 A，B 必须相邻且 B 在 A 的右边，那么有(　　)种排法。

A. 60　　B. 48　　C. 36　　D. 24

9. 将数字 1，2，3，4 填入标号为 1，2，3，4 的四个方格中，每格填一个数，则每个方格的标号与所填数字不相同的填法有(　　)种。

A. 6　　B. 9　　C. 11　　D. 23

10. 某班级组织一次主题班会，有甲、乙、丙三项任务，甲需要 2 人承担，乙、丙各需一人承担，现从 10 人中选出 4 人承担这三项任务，有(　　)种选法。

A. 1 260　　B. 2 025　　C. 2 520　　D. 5 040

二、填空题(共 8 题，每题 4 分，共 32 分)

1. 已知复数 z 对应的点在复平面第一象限内，甲、乙、丙、丁四人对复数 z 的陈述如下(i 为虚数单位)：甲：$z+\overline{z}=2$；乙：$z-\overline{z}=2\sqrt{3}\mathrm{i}$；丙：$z\cdot\overline{z}=4$；丁：$\frac{z}{\overline{z}}=\frac{z^2}{2}$。

在甲、乙、丙、丁四人陈述中，有且只有两个人的陈述正确，则复数 $z=$________。

2. 若$(x^2-1)+(x^2+3x+2)\mathrm{i}$是纯虚数，则实数 $x=$________。

3. 若实系数一元二次方程的根为 $x_1=1+\sqrt{3}\mathrm{i}$，$x_2=1-\sqrt{3}\mathrm{i}$，则这个方程为________。

4. 复数 $z=-3+2\mathrm{i}$(i 是虚数单位)在复平面内对应的点位于第________象限。

5. 12 名学生分别到三个不同的路口进行流量的调查，若每个路口 4 人，则不同的分配方案有________种。

6. 某学校现有 4 个保送优秀学生的名额，要将这 4 名优秀的学生全部保送到 3 所学校去，每所学校至少去一名，则不同的保送方案有________种。

7. 由数字 0，1，2，3，4，5 组成没有重复数字的六位数，其中个位数字小于十位数字的

共有________种。

8.1 名教师和 4 名获奖同学排成一排照相留念，若教师不站两端，则有________种不同的排法。

三、解答题(共 6 题，第 1～5 题每题 6 分，第 6 题 8 分，共 38 分)

1. 已知复平面内的点 A，B 对应的复数分别为 $z_1=m-m\mathrm{i}$，$z_2=2m^2-1+(m^2-2)\mathrm{i}$，$m\in\mathbf{R}$，设 $\overrightarrow{AB}$ 对应的复数为 z. 当实数 m 取何值时，复数 z 是纯虚数。

2. 已知复数 z 满足 $z\cdot\overline{z}=2$，且 z 的虚部是 -1，z 在复平面内所对应的点在第四象限，求：(1)z；(2)$|z^2-z|$。

3. 已知方程 $x^2-px+1=0(p\in\mathbf{R})$的两个根为 x_1，x_2，若$|x_1-x_2|=1$，求实数 p 的值。

A. $\frac{1}{9}$　　B. $\frac{2}{9}$　　C. $\frac{4}{9}$　　D. $\frac{8}{9}$

8. 某校高三年级有 1 000 人参加期末考试，经统计发现数学成绩近似服从正态分布 $N(120,\sigma^2)$，且成绩不低于 140 分的人数为 100，则此次考试数学成绩高于 100 分的人数约为(　　)。

A. 700　　B. 800　　C. 900　　D. 950

9. 甲、乙两台自动车床生产同种标准件，X 表示甲车床生产 1 000 件产品中的次品数，Y 表示乙车床生产 1 000 件产品中的次品数，经一段时间考察后，X，Y 的分布列见表 2，据此判定(　　)。

表 2

X	0	1	2	3
P	0.7	0.1	0.1	0.1
Y	0	1	2	3
P	0.5	0.3	0.2	0

A. 甲比乙质量好　　B. 乙比甲质量好　　C. 甲和乙质量相同　　D. 无法判断

10. 一台机器生产某种产品，如果生产出一件甲等品可获利 50 元，生产出一件乙等品可获利 30 元，生产一件次品要赔 20 元，已知这台机器生产出甲等、乙等和次品的概率分别为 0.6，0.3 和 0.1，则这台机器每生产一件产品，平均预期可获利(　　)元。

A. 36　　B. 37　　C. 38　　D. 39

二、填空题(共 8 题，每题 4 分，共 32 分)

1. 甲、乙两队进行篮球赛，甲队每场胜的概率为 0.6，如果两队赛 3 场，甲队恰胜 2 场的概率是________。

2. 设甲、乙两射手彼此独立地射击同一目标，甲击中目标的概率为 0.8，乙击中目标的概率为 0.5，则甲、乙两射手至少有一人击中目标的概率为________。

3. 在某次测量中，测量结果 X 服从正态分布 $N(1,\sigma^2)(\sigma>0)$，若 X 在(0，1)内取值的概率是 0.4，则 X 在(0，2)内取值的概率是________。

4. 高二年级某班共有 60 名学生，在一次考试中，其数学成绩满足正态分布，数学平均分为 100，若 $P(X\leqslant 80)=0.1$(X 表示本班学生数学分数)，则分数在(80，120)范围内的人数为________。

5. 一夜之间，“地摊经济”火遍整个社交媒体。某地摊点在销售旺季某天接纳顾客量超过

1 万人次的概率是$\frac{9}{20}$，连续两天顾客量超过 1 万人次的概率是$\frac{7}{20}$，则该地摊点在销售旺季的某天接纳顾客量超过 1 万人次的前提下，随后一天接纳顾客量超过 1 万人次的概率是________。

6. 某篮球运动员罚篮一次的得分 X 服从参数为 0.85 的两点分布，则 $P(X=0)=$________。

7. 某学生从学校乘车回家的途中有 3 个交通岗，假设在各交通岗遇红灯的事件是相互独立的，并且概率都是$\frac{2}{5}$，则该学生在回家途中遇红灯次的期望值是________。

8. 设服从二项分布 $B(n，p)$的随机变量 ξ 的期望和方差分别是 2.4 和 1.44，则二项分布的参数 n，p 的值为 $n=$________，$p=$________。

三、解答题(共 6 题，第 1～5 题每题 6 分，第 6 题 8 分，共 38 分)

1. 设有 5 件产品，其中含有 2 件次品，从中任意抽取 3 件进行检查。

(1)求取出的 3 件中恰有 1 件次品的概率；

(2)求抽得的产品中所含的次品数 X 的概率分布。

2. 某人射击 4 次，射中的概率为 0.6，求他在 4 次射击中，至少射中两次的概率。

7. 已知在体能测试中，某校学生的成绩服从正态分布 $N(70, 25)$，其中 60 分为及格线，则下列结论中正确的是(　　)。

参考数据：随机变量 X 若服从正态分布 $N(\mu, \sigma^2)$，则 $P(\mu-2\sigma \leqslant X \leqslant \mu+2\sigma) \approx 0.9545$。

A. 该校学生成绩的均值为 25　　B. 该校学生成绩的标准差为 $\sqrt{70}$

C. 该校学生成绩的标准差为 70　　D. 该校学生成绩的及格率超过 95%

8. 某中学共有 2 400 名男生，为了解该校男生的身高情况，随机抽取该校 100 名男生测量身高，通过数据分析得到该校男生的身高 H(单位：cm)服从正态分布 $N(176, 5^2)$，若将 $H \geqslant 191$ 的学生视为超高，则该校超高的男生约有(　　)名。

A. 1　　B. 2　　C. 3　　D. 4

参考数据：若随机变量 X 服从正态分布 $N(\mu, \sigma^2)$，则 $P(\mu-\sigma \leqslant X \leqslant \mu+\sigma) \approx 0.6826$，$P(\mu-2\sigma \leqslant X \leqslant \mu+2\sigma) \approx 0.9545$，$P(\mu-3\sigma \leqslant X \leqslant \mu+3\sigma) \approx 0.9974$。

9. 在某次运动会选拔赛上，甲、乙、丙、丁四人参加 10 m 气步枪项目的角逐，如果四人的平均成绩和方差如表 2 所示。

表 2

	甲	乙	丙	丁
平均成绩	8.6	8.9	8.9	8.2
方差	3.5	3.5	2.1	5.6

那么从这四个人中选择一人参加运动会的 10 m 气步枪项目的比赛，最佳人选是(　　)。

A. 甲　　B. 乙　　C. 丙　　D. 丁

10. 一个袋子中共有 8 个大小相同的球，其中 3 个红球、5 个白球，从中随机摸出 2 个球，则取到红球个数的期望为(　　)。

A. $\frac{3}{4}$　　B. $\frac{4}{5}$　　C. $\frac{5}{4}$　　D. $\frac{4}{3}$

二、填空题(共 8 题，每题 4 分，共 32 分)

1. 某兽药对病牛的治愈率为 90%，今有 3 头病牛服用了这种药，至少有 2 头病牛被治愈的概率为________。

2. 从 4 名男生和 2 名女生中任选 3 人参加演讲比赛，设随机变量 X 表示所选 3 人中女生的人数，则 $\{X \leqslant 1\}$ 表示________。

3. 已知随机变量 $X \sim N(8, \sigma^2)$，且 $P(6<X<10)=a$，$P(4<X<12)=b$，则

$P(6<X<12)=$________。

4. 某城市每年6月的平均气温 t 近似服从 $N(28, \sigma^2)$，若 $P(28\leqslant t\leqslant 30)=0.3$，则可估计该城市6月平均气温低于26℃的天数为________。

5. 已知某篮球运动员每次罚球命中的概率为0.4，该运动员进行罚球练习(每次罚球互不影响)，则在罚球命中两次时，罚球次数恰为4的概率是________。

6. 已知随机变量 X 服从两点分布，且 $P(X=1)=0.6$，设 $\xi=3X-2$，那么 $P(\xi=-2)=$________。

7. 正态分布 $N(0, 1)$ 在区间 $(-2, -1)$ 和 $(1, 2)$ 上取值的概率分别为 P_1，P_2，则 P_1，P_2 的大小关系为________。

8. 已知 $\xi\sim B(n, p)$，$E(\xi)=7$，$D(\xi)=6$，则 $p=$________。

三、解答题(共6题，第1～5题每题6分，第6题8分，共38分)

1. 袋子中有5个白球和3个红球，从中任取2个球，求：

(1)恰有1个红球的概率；(2)取到红球个数 X 的分布列。

2. 某射击运动员射击一次击中目标的概率是0.8，他射击3次恰好2次击中目标的概率是多少？

3. 一个袋中有3个红球和2个绿球，它们除了颜色外，其他没有区别。采用无放回的方式从袋中任取3个球，取到的绿球数目用 X 表示。求：

(1)离散型随机变量 X 的分布列；(2)$P(X\geqslant 1)$。

区内 2 000 名居民收看比赛的情况用随机抽样方式进行调查，样本容量为 100，将数据分组整理后，列表如表 1 所示。

表 1

观看场数	0	1	2	3	4	5	6	7	8	9	10	11
观看人数占调查人数的百分比	2%	2%	4%	6%	m%	12%	8%	10%	12%	16%	12%	10%

从表中可以得出正确的结论为(　　)。

A. 表中 m 的值为 8

B. 估计观看比赛不低于 5 场的人数是 860

C. 估计观看比赛场数的众数为 8

D. 估计观看比赛不高于 3 场的人数是 280

7. 为了鼓励学生积极锻炼身体，强健体魄，某学校决定每学期对体育成绩在年级前 100 名的学生给予专项奖励。已知该校高三年级共有 500 名学生，如图是该年级学生本学期体育测试成绩的频率直方图。据此估计，能够获得该项奖励的高三学生的最低分数为(　　)。

A. 89　　B. 88

C. 87　　D. 86

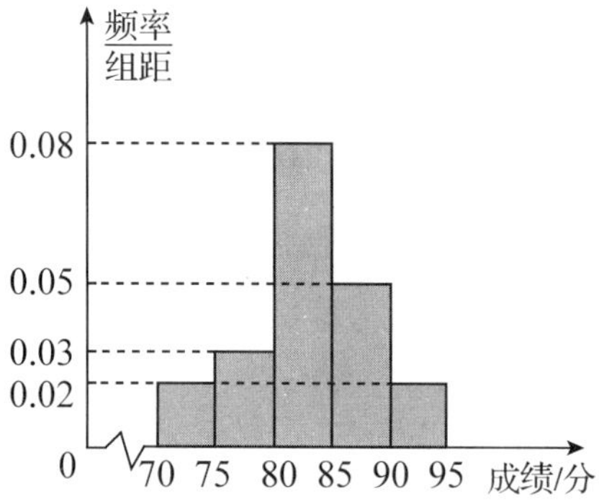

第 7 题图

8. 中小学生的视力状况受到社会的关注。某市有关部门从全市 6 万名高一学生中随机抽取 400 名学生，对他们的视力状况进行一次调查统计，将所得到的有关数据绘制成频率直方图，如图所示，从左至右五个小组的频率之比为 5 ∶ 7 ∶ 12 ∶ 10 ∶ 6，则抽取的这 400 名高一学生中视力在[3.95，4.25)范围内的学生有(　　)人。

A. 58　　B. 88

C. 87　　D. 50

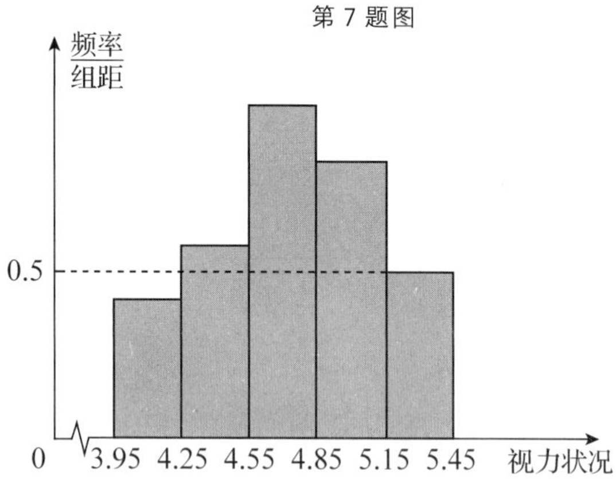

第 8 题图

9. 某校进行了一次创新作文大赛，共有 100 名同学参赛，经过评判，这 100 名参赛者的得分都在[40，90]范围内，其得分的频率直方图如图所示，则下列结论错误的是(　　)。

A. 得分在[40，60)内的同学共有 40 人

B. 从这 100 名参赛者中随机选取 1 人，其得分在[60，80)内的概率为 0.5

C. 估计得分的众数为 55 分

D. 这 100 名参赛者得分的中位数为 65 分

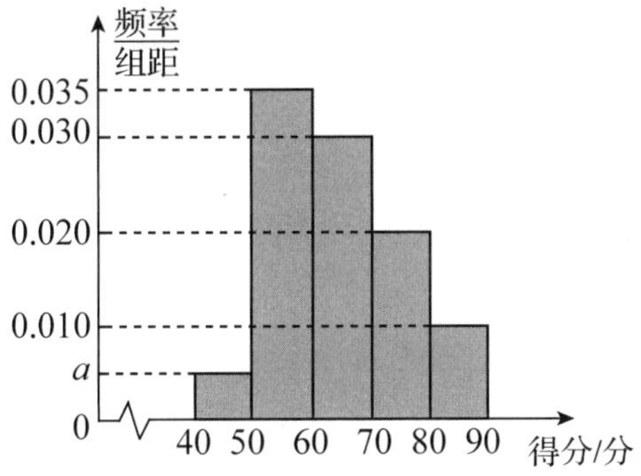

第 9 题图

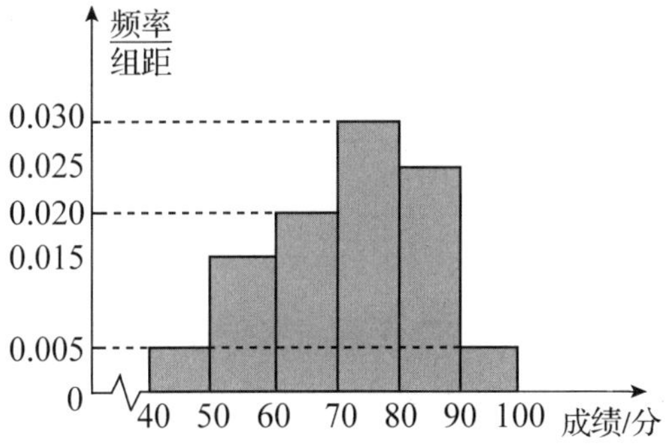

第 10 题图

10. 某校从参加高一年级期末考试的学生中随机抽取 60 名学生的成绩(单位：分，均为整数)，成绩的频率直方图如图所示，由此估计此次考试成绩的中位数、众数和平均数分别是(　　)。

A. 73.3，75，72　　B. 73.3，80，73　　C. 70，70，76　　D. 70，75，75

二、填空题(共 8 题，每题 4 分，共 32 分)

1. 已知一组数据 6，7，8，8，9，10，则该组数据的方差是________.

2. 如果数据 x_1，x_2，…，x_n 的方差为 4，则数据 $3x_1+7$，$3x_2+7$，…，$3x_n+7$ 的标准差为________。

3. 某公司为确定明年投入某产品的广告支出，对近 5 年的年广告支出 m 与年销售额 t(单位：百万元) 进行了初步统计，得到如表 2 所示的数据。

表 2

年广告支出 m	2	4	5	6	8
年销售额 t	30	40	p	50	70

经测算，年广告支出 m 与年销售额 t 满足线性回归方程 $\hat{t}=6.5m+17.5$，则 $p=$________。

4. 某学生在高三学年的 5 次阶段性考试中，数学成绩依次为 110，114，121，119，126，则这组数据的方差是________。

5. 若一组数据 x_1，x_2，x_3，…，x_n 的平均数是 30，另一组数据 x_1+y_1，x_2+y_2，x_3+y_3，…，x_n+y_n 的平均数是 70，则第三组数据 $4y_1+1$，$4y_2+1$，$4y_3+1$，…，$4y_n+1$ 的平均数是________。

6. 某中学为了解全校学生的阅读情况，在全校采用随机抽样的方法抽取一个样本进行问卷调查，并将他们在一个月内去图书馆的次数进行了统计，将学生去图书馆的次数区间分为 5 组：[0，4)，[4，8)，[8，12)，[12，16)，[16，20]，制作了如表 3 所示的频率分布表，则抽样总人数为________。

4. 某作物研究所培育某粮食作物的新品种，为了检验新品种的遗传性状的稳定性，在试验田里随机抽取1 000株作物，并统计其株长(单位：cm)，抽样的株长数据都在区间[70，150]内，并按区间[70，80)，[80，90)，…，[140，150]分成8组，绘制成如图所示的频率直方图。

(1)求 a 的值；

(2)估计这组样本数据的平均数 $\overline{x}$ 及方差 s^2(同一组中的数据用该组区间的中点值作代表，$\overline{x}$ 的估计值精确到个位，并用这个值估计 s^2)。

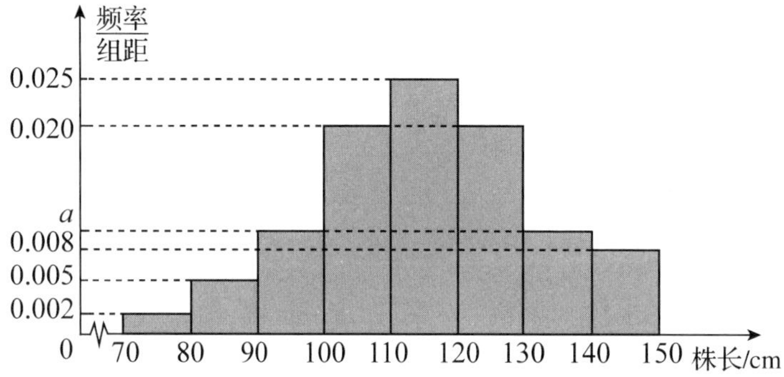

第4题图

5. 某公司为了对某种商品进行合理定价，需了解该商品的月销售量 y(单位：万件)与月销售单价 x(单位：元)之间的关系，对近 6 个月的月销售量 y_i 和月销售单价 x_i($i=1$，2，3，…，6)的数据进行了统计分析，得到一组检测数据如表 5 所示。

表 5

月销售单价 x/元	4	5	6	7	8	9
月销售量 y/万件	89	83	82	79	74	67

若用线性回归模型拟合 y 与 x 之间的关系，现有甲、乙、丙三位实习员工求得回归直线方程分别为 $\hat{y}=-4x+105$，$\hat{y}=4x+53$ 和 $\hat{y}=-3x+104$，其中有且仅有一位实习员工的计算结果是正确的，请结合统计学的相关知识，判断哪位实习员工的计算结果是正确的，并说明理由。

参考数据：$\sqrt{6\ 547}\approx 80.91$。

过5”，根据连续7天的新增病例数计算，下列各选项中，一定符合上述指标的是(　　)。

①平均数 $x\leqslant 3$；②标准差 $s\leqslant 2$；③平均数 $x\leqslant 3$ 且标准差 $s\leqslant 2$；④平均数 $x\leqslant 3$ 且极差小于或等于2；⑤众数等于1且极差小于或等于4。

A. ①②　　B. ③④　　C. ③④⑤　　D. ④⑤

5. 5个学生的数学成绩和物理成绩如表1所示。

表 1

学科	A	B	C	D	E
数学	80	75	70	65	60
物理	70	66	68	64	62

则数学成绩与物理成绩之间(　　)。

A. 是函数关系

B. 是相关关系，但相关性很弱

C. 具有较好的相关关系，且是正相关

D. 具有较好的相关关系，且是负相关

6. 某单位为了解用电量 y(kW·h)与气温 x(℃)之间的关系，随机抽查了某4天的用电量与当天的气温，并制作了对照表，如表2所示。

表 2

气温(℃)	18	13	10	-1
用电量(kW·h)	24	34	38	64

由表中数据得线性回归方程 $\hat{y}=\hat{b}x+\hat{a}$ 中 $\hat{b}\approx -2$，预测当气温为 -4 ℃时，用电量为(　　)kW·h。

A. 58　　B. 66　　C. 68　　D. 70

7. 若变量 x，y 的三个样本点分别为(3，10)，(7，20)，(11，24)，则 y 关于 x 的线性回归方程为(　　)。

A. $y=1.75x-5.75$　　B. $y=1.75x+5.75$

C. $y=-1.75x+5.75$　　D. $y=-1.75x-5.75$

8. 已知总体数据均在区间[10，70]内，从中抽取一个容量为20的样本，分组后对应组的频数如表3所示：

表 3

分组	[10，20)	[20，30)	[30，40)	[40，50)	[50，60)	[60，70]
频数	2	3	4	5	4	2

则总体数据在区间[10，50)内的频率约为(　　)。

A. 0.5　　B. 0.25　　C. 0.6　　D. 0.7

9. 已知样本数据由小到大依次为 2，3，3，7，a，b，12，13.7，18.3，20，且样本的中位数为 10.5，若使该样本的方差最小，则 a，b 的值分别为(　　)。

A. 10，11　　B. 10.5，9.5　　C. 10.4，10.6　　D. 10.5，10.5

10. 为了解某职校男生的体重情况，随机抽查了该校 100 名男生的体重(单位：kg)，得到的频率直方图如图所示，则这 100 名男生中体重在区间[56.5，64.5)kg 内的人数是(　　)。

A. 20　　B. 30　　C. 40　　D. 50

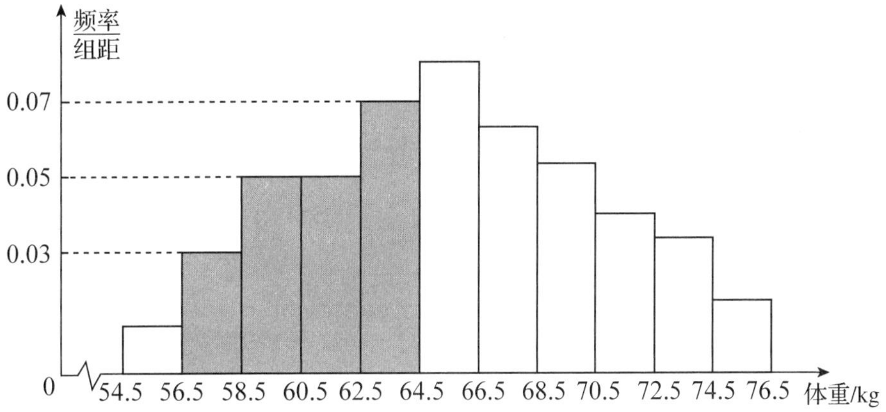

第 10 题图

二、填空题(共 8 题，每题 4 分，共 32 分)

1. 一名射击运动员连续射靶 6 次，其中命中的环数分别是 7，6，7，8，8，7，则这名运动员射击环数的众数是________。

2. 一组数据按大小关系排列为 1，2，4，x，6，9. 如果这组数据的中位数为 5，那么这组数据的众数为________。

3. 甲、乙两台机床同时生产一种零件，现要检查它们的运行情况，统计 10 天内两台机床每天出的次品数如表 4 所示。

3. 2022 年 8 月 8 日是我国第十四个全民健身日，其主题是：新时代全民健身动起来。某市为了解全民健身情况，随机从某小区居民中抽取了 40 人，将他们的年龄区间分成 7 组：[10，20)，[20，30)，[30，40)，[40，50)，[50，60)，[60，70)，[70，80]. 得到如图所示的频率直方图(每组数据取中点值作代表)。试求这 40 人年龄的平均数、中位数的估计值。

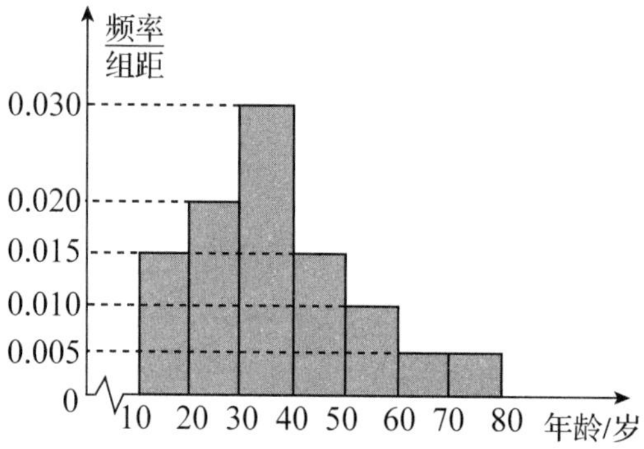

第 3 题图

4. 某市为调查甲、乙两校学生对分层教学模式的满意度，用简单随机抽样从这两校中分别抽取 30 名学生，根据他们对分层教学模式的满意度评分(百分制)，绘制茎叶图如图所示。

(1)估计甲学校学生对分层教学模式的满意度评分的中位数；

(2)设甲、乙两校学生对分层教学模式的满意度评分的平均数分别为 $\overline{x}_1$，$\overline{x}_2$，估计 $\overline{x}_1-\overline{x}_2$ 的值。

甲学校		乙学校
7	4	5
5 3 3 2	5	3 3 8
5 5 4 3 3 3 1 0 0	6	0 0 0 1 1 2 2 3 3 5
8 6 6 2 2 1 1 0 0	7	0 0 2 2 2 3 3 6 6 9
7 5 4 4 2	8	1 1 5 5 8
2 0	9	0

第 4 题图

5. 甲、乙、丙三人去某地务工，其工作受天气影响，雨天不能出工，晴天才能出工。已知计酬方式有两种，方式一：雨天没收入，晴天出工每天 250 元；方式二：雨天每天 120 元，晴天出工每天 200 元。三人要选择其中一种计酬方式，并打算在下个月(30 天)内的晴天都出工，为此三人作了一些调查，甲以去年此月的下雨天数(10 天)为依据作出选择；乙和丙在分析了当地近 9 年此月的下雨天数(n)的频数分布表(见表 7)后，乙以频率最大的 n 值为依据作出选择，丙以 n 的平均值为依据作出选择。

表 7

n	8	9	10	11	12	13
频数	3	1	2	0	2	1

(1)试判断甲、乙、丙三人选择的计酬方式，并说明理由。

(2)根据统计范围的大小，你觉得三人中谁的依据更有指导意义？

(3)以频率作为概率，求未来三年中恰有两年此月下雨不超过 11 天的概率。

8. 抛两个6个面上分别标有1，2，3，4，5，6的质地均匀的正方体骰子，“向上的两个数字之和是3”的概率是(　　)。

A. $\frac{1}{3}$　　B. $\frac{1}{6}$　　C. $\frac{1}{36}$　　D. $\frac{1}{18}$

9. 已知随机变量 X 服从二项分布 $B\left(4, \frac{1}{2}\right)$，则 $P(X=2)=$(　　)。

A. $\frac{3}{2}$　　B. $\frac{3}{4}$　　C. $\frac{3}{8}$　　D. $\frac{3}{16}$

10. 点点同学对数据26，36，46，5□，52进行统计分析，发现其中一个两位数的个位数字被墨水涂污看不到了，则计算结果与被涂污的数字无关的是(　　)。

A. 平均数　　B. 中位数　　C. 方差　　D. 标准差

二、填空题(共8题，每题4分，共32分)

1. 某射手射击1次，击中目标的概率为0.9，他连续射击4次，且各次射击是否击中相互之间没有影响，那么他第2次未击中、其他3次都击中的概率是________。

2. 已知复数 $z=(2+i)(1+3i)$，则 $|z|=$________。

3. 若 $(1-2x)^n$ 展开式中的第4项的二项式系数和系数分别为 p，q，则 $\frac{p}{q}=$________。

4. 设 $(x+1)^5=a_0+a_1x+a_2x^2+a_3x^3+a_4x^4+a_5x^5$，则 $a_1+a_2+a_3+a_4+a_5=$________。

5. 设 X 是一个离散型随机变量，其分布列如表1所示，则 $p=$________。

表1

X	-1	0	1
P	$\frac{1}{2}$	$\frac{1}{2}p+\frac{3}{4}$	$p^2-\frac{3}{4}$

6. 已知随机变量 $X\sim N(3, \sigma^2)$，且 $P(2\leqslant X\leqslant 4)=0.6$，则 $P(X>4)=$________。

7. 已知复数 $z_1=1-i$，$z_2=2+i$，那么 $z_1\cdot z_2=$________。

8. 在感冒流行的季节，设甲、乙患感冒的概率分别为0.6和0.5，则两人中有人患感冒的概率是________。

三、解答题(共6题，第1～5题每题6分，第6题8分，共38分)

1. 袋中装有6只乒乓球，其中4只是白球，2只是红球，从袋中任意取出2球，求下列事件发生的概率：

(1)取出的两球都是白球；(2)取出的两球一只是白球，一只是红球。

2. 制造一种零件，甲机床的废品率是0.04，乙机床的废品率是0.05，从它们制造的产品中各任取一件，列出取出废品件数的概率分布。

3. 已知复数$z=m(m-1)+(m^2+2m-3)\mathrm{i}$，当实数$m$取什么值时，复数$z$是：(1)零；(2)纯虚数。

8. 甲、乙、丙三人参加一次考试，他们及格的概率分别是$\frac{2}{3}$，$\frac{3}{4}$，$\frac{2}{5}$，那么三人中恰有两人及格的概率是(　　)。

A. $\frac{2}{5}$　　B. $\frac{7}{15}$　　C. $\frac{11}{30}$　　D. $\frac{1}{6}$

9. 有 8 件产品，其中 4 件是次品，从中有放回地取 3 次(每次取 1 件)，若 X 表示取得次品的次数，则 $P(X\leqslant 2)=$(　　)。

A. $\frac{3}{8}$　　B. $\frac{13}{14}$　　C. $\frac{4}{5}$　　D. $\frac{7}{8}$

10. 已知一组数据 21，23，24，30，32，下列结论：①该组数据的中位数为 24；②该组数据的极差为 11；③将该组数据中每个数据都加上 2，得到新的一组数据的方差与该组数据的方差相等。其中正确的是(　　)。

A. ①　　B. ①③　　C. ②③　　D. ①②③

二、填空题(共 8 题，每题 4 分，共 32 分)

1. 设复数 $z=1+2\mathrm{i}$(i 是虚数单位)，则在复平面内，复数 z^2 对应的点坐标是________。

2. 当实数 $m=$________时，复数 $z=(m^2-3m+m^2\mathrm{i})-[4+(5m+6)\mathrm{i}]$ 为纯虚数。

3. 若二项式$\left(x-\frac{1}{2x}\right)^n$的展开式的第 3 项和第 9 项的二项式系数相等，则展开式的常数项是________。

4. 若$(1-2x)^5=a_5x^5+a_4x^4+a_3x^3+a_2x^2+a_1x+a_0$，则 $a_5+a_4+a_3+a_2+a_1+a_0=$________。

5. 离散型随机变量 ξ 的分布列如表 1 所示，则实数 $a=$________，$E(\xi)=$________。

表 1

ξ	-1	0	1
P	$\frac{1}{4}$	a	$\frac{1}{2}$

6. 设随机变量 $X\sim N(3,\sigma^2)$，且 $P(X<6)=0.8$，则 $P(0<X<6)=$________。

7. 已知复数 z 满足 $z(1-\mathrm{i})=(1+\mathrm{i})^2$，则 $z=$________。

8. 驾照考试一共有四个科目：科目一(驾驶员理论考试)、科目二(场地驾驶技能考试)、科目三(道路驾驶技能考试)、科目四(安全文明驾驶常识考试)。只有四个科目都通过才能取得

驾照，若某学员四个科目通过的概率依次是0.9，0.8，0.8，0.9，且每个科目是否通过相互之间没有影响，则该学员拿到驾照的概率为________。

三、解答题(共6题，第1～5题每题6分，第6题8分，共38分)

1. 已知复数$z=|2-3\mathrm{i}|+3\mathrm{i}$，求$|z|$。

2. 甲、乙两人分别对A，B两个目标各射击一次，若目标被击中两次则被击毁，每次射击互不影响。已知甲击中A，B的概率均为$\frac{1}{2}$，乙击中A，B的概率分别为$\frac{1}{3}$，$\frac{2}{5}$。

求：(1)A被击毁的概率；(2)恰有一个目标被击毁的概率。

3. 假定篮球运动员甲每次投篮命中的概率为$\frac{1}{3}$，现有多个篮球，该运动员甲准备投篮，一旦投中即停止投篮，否则一直投篮，直到篮球用完(不重复使用)。设耗用篮球数为X，

求：(1)X的概率分布列；(2)$E(X)$。

第 7 单元检测卷(水平一)

班级________姓名________座号________

(45 分钟，满分 100 分)

一、单项选择题(共 10 题，每题 3 分，共 30 分)

1. 下列说法正确的是(　　)。

①实数是复数；②虚数是复数；③实数集和虚数集的交集不是空集；④实数集和虚数集的并集等于复数集；⑤虚轴上的点表示的数都是虚数；⑥实轴上的点表示的数都是实数。

A. 3　　B. 4　　C. 5　　D. 6

2. 设全集 $\mathbf{I}=\{复数\}$，$\mathbf{R}=\{实数\}$，$\mathbf{M}=\{纯虚数\}$，则(　　)。

A. $\mathbf{M}\cup\mathbf{R}=\mathbf{I}$

B. $(\complement_{\mathbf{I}}\mathbf{M})\cup\mathbf{R}=\mathrm{I}$

C. $(\complement_{\mathbf{I}}\mathbf{M})\cap\mathbf{R}=\mathbf{R}$

D. $\mathbf{M}\cap(\complement_{\mathbf{I}}\mathbf{R})=\varnothing$

3. $(1-4\mathrm{i})(1+2\mathrm{i})=$(　　)。

A. $9-2\mathrm{i}$　　B. $9+2\mathrm{i}$　　C. $-2\mathrm{i}$　　D. -9

4. 若复数 $(m^2+\mathrm{i})(1+m\mathrm{i})$ 是实数，则实数 m 等于(　　)。

A. 1　　B. -1　　C. $\sqrt{2}$　　D. $-\sqrt{2}$

5. 复数 $z=2+\mathrm{i}$ 的共轭复数是(　　)。

A. $2-\mathrm{i}$　　B. 2　　C. i　　D. 以上都不正确

6. 已知 $a+3\mathrm{i}(1+\mathrm{i})=2+b\mathrm{i}$($a$，$b\in\mathbf{R}$，i 为虚数单位)，则实数 $a+b$ 的值为(　　)。

A. 3　　B. 5　　C. 6　　D. 8

7. 设复数 z 满足 $(1-\mathrm{i})z=2$，则 $|z|=$(　　)。

A. 1　　B. $\sqrt{2}$　　C. $\sqrt{3}$　　D. 2

8. $\dfrac{-3+\mathrm{i}}{3+\mathrm{i}}=$(　　)。

A. $\dfrac{4}{5}+\dfrac{3}{5}\mathrm{i}$

B. $-\dfrac{4}{5}+\dfrac{3}{5}\mathrm{i}$

C. $\dfrac{4}{5}-\dfrac{3}{5}\mathrm{i}$

D. $-\dfrac{4}{5}-\dfrac{3}{5}\mathrm{i}$

5. 已知复平面内正方形的三个顶点所对应的复数分别是 $1+2\mathrm{i}$，$-2+\mathrm{i}$，$-1-2\mathrm{i}$，求第四个顶点所对应的复数。

6. 若复数 z 满足 $\left|z-1+\sqrt{3}\mathrm{i}\right|=3$，则 $|z|$ 的最大值为多少？

第 7 单元检测卷(水平二)

班级________姓名________座号________

(45 分钟，满分 100 分)

一、单项选择题(共 10 题，每题 3 分，共 30 分)

1. 复数$\dfrac{1-7\mathrm{i}}{1+\mathrm{i}}$的虚部是(　　)。

A. 0　　B. $\sqrt{2}$　　C. 4　　D. -4

2. 复数 $z=-1-2\mathrm{i}$(i 为虚数单位)在复平面内对应的点位于(　　)。

A. 第一象限　　B. 第二象限

C. 第三象限　　D. 第四象限

3. 已知复数 $z=\dfrac{2+a\mathrm{i}}{1+\mathrm{i}}(a\in\mathbf{R})$在复平面内对应的点在虚轴上，则 a 等于(　　)。

A. 2　　B. -1　　C. 1　　D. -2

4. 已知复数 $z=1+\dfrac{2\mathrm{i}}{1-\mathrm{i}}$，则 $1+z+z^2+\cdots+z^{2\,014}$ 为(　　)。

A. $1+\mathrm{i}$　　B. $1-\mathrm{i}$　　C. i　　D. 1

5. 已知 i 为虚数单位，复数满足 $z(2+\mathrm{i})=3+4\mathrm{i}$，记 $\bar{z}$ 为 z 的共轭复数，$|\bar{z}|=$(　　)。

A. $\dfrac{\sqrt{29}}{3}$　　B. $\dfrac{5\sqrt{5}}{3}$　　C. $\dfrac{\sqrt{29}}{5}$　　D. $\sqrt{5}$

6. 已知 i 是虚数单位，则$\left(\dfrac{1-\mathrm{i}}{1+\mathrm{i}}\right)^{2\,020}=$(　　)。

A. -1　　B. 1　　C. $-\mathrm{i}$　　D. i

7. 设 a，$b\in\mathbf{R}$，i 是虚数单位，则以下正确的是(　　)。

A. 若 $ab=0$，则复数 $a+\dfrac{b}{\mathrm{i}}$为纯虚数

B. 若复数 $a+\dfrac{b}{\mathrm{i}}$为纯虚数，则 $ab=0$

C. 若 $ab=0$，则复数 $a+\dfrac{b}{\mathrm{i}}$为纯虚数，反之亦成立

5. 已知复数 $z_1=a^2-3+(a+5)\mathrm{i}$，$z_2=a-1+(a^2+2a-1)\mathrm{i}$，$a\in\mathbf{R}$ 分别对应向量 $\overrightarrow{OZ_1}$，$\overrightarrow{OZ_2}$，O 为原点。

(1)若向量 $\overrightarrow{OZ_1}$ 表示的点在第四象限，求 a 的取值范围；

(2)若向量 $\overrightarrow{Z_1Z_2}$ 对应的复数为纯虚数，求 a 的值。

6. 已知复数 z 的实部为正数，$|z|=\sqrt{2}$，z^2 的虚部是 2。

(1)求复数 z；

(2)若 $\dfrac{2}{z}-z^2$ 在复平面内对应的向量为 $\overrightarrow{OZ}$，求向量 $|\overrightarrow{OZ}|$。

第 8 单元检测卷(水平一)

班级________姓名________座号________

(45 分钟，满分 100 分)

一、选择题(共 10 题，每题 3 分，共 30 分)

1. 某班有男生 20 人，女生 19 人，从中选出一人担任班委，共有(　　)种选法。

A. 23　　B. 19　　C. 39　　D. 16

2. 5 人排成一行，甲乙不相邻的排法有(　　)种。

A. 12　　B. 72　　C. 96　　D. 144

3. 用 0，2，3，5，7，8 组成没有重复数字的三位数，这样的三位数共有(　　)种。

A. 125　　B. 120　　C. 100　　D. 60

4. 若 $C_8^n = C_8^{2n-1}$，则 $n=$(　　)。

A. 1　　B. 4　　C. 3 或 4　　D. 1 或 3

5. 某小组有 10 名学生，其中女生 4 名，现选举 3 名代表，至少有 1 名女生当选的选法有(　　)。

A. 96　　B. 100　　C. 120　　D. 20

6. $A_{2n}^3 = 10A_n^3$，则 $n=$(　　)。

A. 6　　B. 7　　C. 8　　D. 9

7. $(x-2)^6$ 的展开式中，第 4 项为(　　)。

A. $160x^3$　　B. $-160x^3$　　C. $240x^2$　　D. $-240x^2$

8. 用数字 1，2，3，5，6，7，9 组成没有重复数字的四位数，如果 4 个数字的积为奇数，则共有(　　)个这样的四位数。

A. 120　　B. 60　　C. 20　　D. 150

9. $(1+x)^{16}$ 展开式中系数最大的项为(　　)。

A. 第 7 项　　B. 第 8 项　　C. 第 9 项　　D. 第 10 项

10. $\left(x+\dfrac{2}{\sqrt{x}}\right)^6$ 展开式中的常数项是(　　)。

A. 2^4　　B. $2^4C_6^4$　　C. C_6^4　　D. 2

5. 写出$\left(2x-\frac{1}{\sqrt{x}}\right)^{9}$展开式中的常数项。

6. 已知$(1-x)^{6}=a_0+a_1x+a_2x^{2}+\cdots+a_6x^{6}$，求$a_1+a_3+a_5$。

第 8 单元检测卷(水平二)

班级________姓名________座号________

(45 分钟，满分 100 分)

一、选择题(共 10 题，每题 3 分，共 30 分)

1. 4 名学生每人手中各拿一封家信投向校内放置的 3 个邮箱，则投法的总数为(　　)。

A. C_4^3　　B. A_4^3　　C. 3^4　　D. 4^3

2. 在 $\left(\frac{1}{2}x+1\right)^{10}$ 的展开式中，含 x^3 项的系数为(　　)。

A. 17　　B. 15　　C. 13　　D. 11

3. 从 1，2，3，4，5 中任取 2 个数字，从 6，7，8，9 中任取 2 个数字，可以组成(　　)无重复数字的四位数。

A. 72 个　　B. 720 个　　C. 1 440 个　　D. 1 560 个

4. 若 $\left(x-\frac{1}{x}\right)^n$ 展开式的第 4 项含 x^3，则 n 的值为(　　)。

A. 8　　B. 9　　C. 10　　D. 11

5. 现有 A，B，C，D，E 5 名志愿者分配到甲、乙、丙三个不同社区参加志愿者活动，每个社区至少安排一人，则 B 和 C 分配到同一社区的方法有(　　)种。

A. 36　　B. 20　　C. 18　　D. 1

6. 如图所示，要给①②③④四块区域分别涂上五种颜色中的某一种，允许同一种颜色使用多次，但相邻区域必须涂不同颜色，则不同涂色方法种数为(　　)。

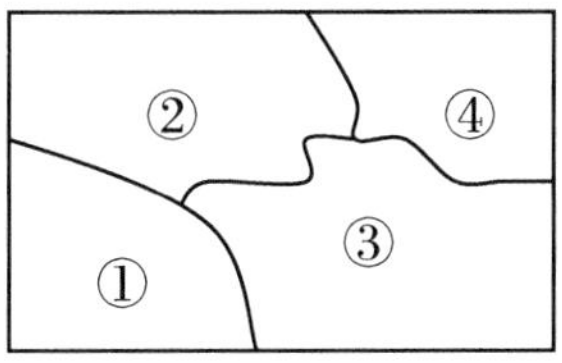

第 6 题图

A. 180　　B. 160

C. 96　　D. 60

7. 若 $x\in\mathbf{R}$，$x^3=a_0+a_1(x-2)+a_2(x-2)^2+a_3(x-2)^3$，则 a_2 的值为(　　)。

A. 3　　B. 12　　C. 9　　D. 6

8. 某博物馆要在 20 天内接待 8 所学校的学生参观，每天只安排一所学校，其中一所人数

5. 求$\left(x-\dfrac{2}{x}\right)^{9}$的展开式中$x^{3}$的系数及二项式系数。

6. 现从男、女8名学生干部中选出2名男学生和1名女学生分别参加全校“资源”“生态”和“环保”三个夏令营活动，已知共有90种不同的方案，那么男、女学生的人数各是多少？

期中检测卷(水平一)

班级________姓名________座号________

(45 分钟，满分 100 分)

一、选择题(共 10 题，每题 3 分，共 30 分)

1. 若复数$(1-\mathrm{i})^2$的实部为a，虚部为b，则$a+b=$(　　)。

A. -3　　B. -2　　C. 2　　D. 3

2. 6 个不同的元素排成前后两排，每排 3 个元素，那么不同的排法有(　　)种。

A. 36　　B. 120　　C. 720　　D. 1 440

3. 已知复数$z=\dfrac{5-\mathrm{i}}{1+\mathrm{i}}$(i 为虚数单位)，则$z$的共轭复数$\bar{z}=$(　　)。

A. $2+3\mathrm{i}$　　B. $2-4\mathrm{i}$　　C. $3+3\mathrm{i}$　　D. $2+4\mathrm{i}$

4. $\left(x^2-\dfrac{1}{\sqrt{x}}\right)^{15}$的展开式中，常数项是(　　)。

A. -455　　B. 455　　C. -3003　　D. 3003

5. 设z的共轭复数是$\bar{z}$，若$z-\bar{z}=4\mathrm{i}$，$z\cdot\bar{z}=8$，则$z=$(　　)。

A. $-2-2\mathrm{i}$　　B. $2+2\mathrm{i}$

C. $-2+2\mathrm{i}$　　D. $2+2\mathrm{i}$或$-2+2\mathrm{i}$

6. 将数字 1，2，3，4 填入标号为 1，2，3，4 的四个方格里，每格填一个数，则每个方格的标号与所填数字均不相同的填法有(　　)种。

A. 6　　B. 9　　C. 11　　D. 23

7. 复数z在复平面内对应点的坐标为$(-2，4)$，则$|z+1|=$(　　)。

A. 3　　B. 4　　C. $\sqrt{17}$　　D. $\sqrt{19}$

8. 已知复数$z=(m+3)+(m-1)\mathrm{i}$在复平面内对应的点在第四象限，则实数m的取值范围是(　　)。

A. $(-3，1)$　　B. $(-1，3)$　　C. $(1，+\infty)$　　D. $(-\infty，3)$

9. 从 4 台甲型和 5 台乙型电视机中任取 3 台，其中至少有 1 台甲型和 1 台乙型电视机，则

5. 要排一张有 6 个歌唱节目和 4 个舞蹈节目的演出节目单，任何两个舞蹈节目不得相邻，有多少不同的排法？

6. $(1+2x)^n$ 的展开式中第 6 项和第 7 项的系数相等，求 n 的值。

期中检测卷(水平二)

班级________姓名________座号________

(45 分钟，满分 100 分)

一、单项选择题(共 10 题，每题 3 分，共 30 分)

1. 已知复数 $z=\frac{5}{3-4i}$，则 z 的虚部为(　　)。

A. $\frac{4}{5}i$　　B. $-\frac{4}{5}i$　　C. $\frac{4}{5}$　　D. $-\frac{4}{5}$

2. 复数 $z=\frac{2+i}{1-2i}$，则在复平面内，z 对应的点的坐标是(　　)。

A. $(1,0)$　　B. $(0,1)$

C. $\left(-\frac{5}{3},-\frac{4}{3}\right)$　　D. $\left(-\frac{4}{3},-\frac{5}{3}\right)$

3. 已知 i 为虚数单位，下列与 i 相等的是(　　)。

A. $\frac{1}{i}$　　B. $(1-i)(1+i)$

C. $\frac{1-i}{1+i}$　　D. $i+i^2+i^3+\cdots+i^{2021}$

4. 已知复数 $z_1=(m^2-1)+(m^2+2m-3)i$，$z_2=m+\sqrt{3}i$，其中 i 为虚数单位，$m\in\mathbf{R}$，若 z_1 为纯虚数，则下列说法正确的是(　　)。

A. $m\pm1$　　B. 复数 z_2 在复平面内对应的点在第一象限

C. $|z_2|=2$　　D. $|z_1|^2=|z_2|^2$

5. 若复数 z 满足 $z(1+i)=|\sqrt{3}-i|$，则(　　)。

A. $z=-1+i$　　B. $|z|=\sqrt{2}$　　C. $\overline{z}=1-i$　　D. $z^2=2i$

6. 甲袋中有 8 个白球和 4 个红球，乙袋中有 6 个白球和 6 个红球，这些小球除颜色外完全相同，从甲、乙两袋中各任取 1 个球，则下列结论错误的是(　　)。

A. 2 个球的颜色相同的概率是$\frac{1}{2}$

4. 某学院从 9 名学生中选出 4 名学生去 4 个不同的乡镇甲、乙、丙、丁参加社会实践活动，其中有两名学生不能去乡镇丁，则分配的方案共有多少种？

5. 将一个四棱锥 $A-BCDE$ 的每个顶点染上一种颜色，使同一条棱的两端点异色，如果只有 5 种颜色可供使用，那么不同的染色方法共有多少种？

6. 某机电专业的学生在一次实验课上，需要将 A，B，C，D，E，F 6 个不同的电子元件在线路上排成一排组成一个电路，如果元件 A 不排在始端，元件 B 不排在末端，那么这 6 个电子元件组成不同的电路的种数是多少？

第 9 单元检测卷(水平一)

班级________ 姓名________ 座号________

(45 分钟，满分 100 分)

一、选择题(共 10 题，每题 3 分，共 30 分)

1. 某人进行射击训练，击中目标的概率是$\frac{1}{2}$，他连续射击 3 次，则至少有 1 次击中目标的概率是(　　)。

A. $\frac{1}{8}$　　B. $\frac{3}{8}$　　C. $\frac{1}{2}$　　D. $\frac{7}{8}$

2. 随机变量 ξ 服从正态分布 $N(10, 4)$，则标准差为(　　)。

A. 2　　B. 4　　C. 10　　D. 14

3. 在一次比赛中，需要回答三个问题，比赛规定：每题回答正确得 100 分，回答不正确得 -100 分，则选手甲回答这三个问题的总得分 X 的所有可能取值的个数为(　　)。

A. 2　　B. 4　　C. 6　　D. 8

4. 某同学求得一个离散型随机变量的分布列如表 1 所示。

表 1

X	0	1	2	3
P	0.2	0.3	0.15	m

则常数 m 的值为(　　)。

A. 0.45　　B. 0.2　　C. 0.35　　D. 0.3

5. 已知随机变量 X 服从两点分布，且 $E(X)=0.7$，则其取 1 的概率为(　　)。

A. 0　　B. 1　　C. 0.3　　D. 0.7

6. 若样本数据 x_1，x_2，…，x_{10} 的平均数为 70，则数据 $2x_1-1$，$2x_2-1$，…，$2x_{10}-1$ 的平均数为(　　)。

A. 70　　B. 139　　C. 69　　D. 140

7. 若随机变量 X 服从二项分布 $B\left(4, \frac{1}{3}\right)$，则 $D(X)=$(　　)。

3. 某人参加一次考试，若 5 道题解对 4 题为及格，已知他解题的正确率为$\frac{3}{5}$，试求他能及格的概率。(结果保留 4 位有效数字)

4. 设随机变量 ξ 服从正态分布 $N(2, 9)$，若 $P(\xi>c+1)=P(\xi<c-1)$，求 c 的值。

5. 某人投弹击中目标的概率为 0.8，求：

(1)投弹一次，击中次数 X 的期望和方差；

(2)重复投弹 10 次，击中次数 Y 的期望和方差。

6. 某项试验在甲、乙两地各自独立地试验两次，已知在甲、乙两地每次试验成功的概率分别为$\frac{2}{3}$，$\frac{3}{4}$，求以上 4 次试验中至少有一次成功的概率。

第 9 单元检测卷(水平二)

班级________姓名________座号________

(45 分钟，满分 100 分)

一、选择题(共 10 题，每题 3 分，共 30 分)

1. 甲射手射击 1 次，击中目标的概率是$\frac{1}{3}$，乙射手射击 1 次，击中目标的概率是$\frac{1}{2}$，甲、乙两射手各射击 1 次，那么$\frac{5}{6}$是(　　)。

A. 甲、乙两射手都击中目标的概率　　B. 甲、乙两射手都没击中目标的概率

C. 甲、乙中恰有一射手击中目标的概率　　D. 甲、乙两射手没有都击中目标的概率

2. 已知 $X \sim N(2, \sigma^2)$，且 $P(X<4)=0.7$，则 $P(0<X<4)=$(　　)。

A. 0.3　　B. 0.4　　C. 0.6　　D. 0.7

3. 一副扑克牌共有 54 张牌，其中 52 张是正牌，另两张是副牌(大王和小王)，从中任取 4 张，则随机变量可能是(　　)。

A. 所取牌数　　B. 这副牌中的副牌数　　C. 这副牌中的正牌数　　D. 取出的副牌数

4. 如表 1 所示是随机变量 X 的分布列，则 $E(x)$的值为(　　)。

表 1

X	0	1	2
P	0.08	0.44	m

A. 0.44　　B. 0.53　　C. 1.4　　D. 条件不足

5. 两点分布也叫 0—1 分布，已知随机变量 X 服从参数为 0.5 的两点分布，则下列选项中不正确的是(　　)。

A. $P(X=0)=0.5$　　B. $P(X=1)=0.5$　　C. $E(X)=0.5$　　D. $D(X)=0.5$

6. 设 X 为随机变量，且 $X \sim B\left(n, \frac{1}{4}\right)$，若随机变量 X 的方差为 $D(X)=\frac{3}{4}$，则 $P(X=3)=$(　　)。

A. $\frac{27}{64}$　　B. $\frac{3}{64}$　　C. $\frac{9}{128}$　　D. $\frac{27}{128}$

4. 若随机变量 $Y \sim N(1, \sigma^2)$，$P(0<Y<1)=0.4$，求 $P(Y \leqslant 2)$。

5. 随机变量 ξ 的取值为 0，1，2，若 $P(\xi=0)=\frac{1}{5}$，$E(\xi)=1$，求 $D(\xi)$。

6. 甲、乙、丙三名学生高考结束后，一起报名参加了驾照考试，在科目二的考试中，甲通过的概率为$\frac{1}{2}$，甲、乙、丙三人都通过的概率为$\frac{1}{24}$，甲、乙、丙三人都没通过的概率为$\frac{1}{4}$，且在平时的训练中可以看出乙通过考试的概率比丙大。

(1)求乙、丙两人各自通过考试的概率；

(2)令甲、乙、丙三人中通过科目二考试的人数为随机变量 ξ，求 ξ 的分布列及数学期望。

第 10 单元检测卷(水平一)

班级________姓名________座号________

(45 分钟，满分 100 分)

一、选择题(共 10 题，每题 3 分，共 30 分)

1. 某歌手大赛节目从甲、乙导师的队员中各选出 7 名歌手参加歌曲比赛，他们取得的成绩(满分 100 分)分别为：甲：79，78，80，85，92，96，x；乙：76，81，81，91，91，96，y. 其中甲导师的学生成绩的众数是 85，乙导师的学生成绩的中位数是 83，则 x，y 的值分别为(　　)。

A. 87，85　　B. 85，83　　C. 89，90　　D. 80，83

2. 200 辆汽车通过某一段公路时时速的频率直方图如图所示，则时速的众数、中位数的估计值为(　　)。

A. 62，62.5　　B. 65，62

C. 65，63.5　　D. 65，65

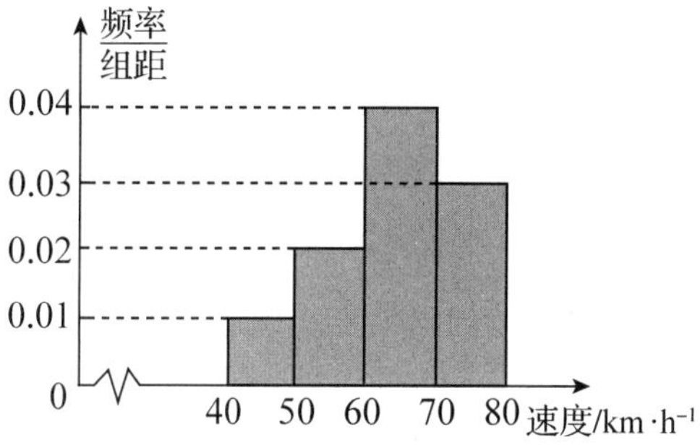

第 2 题图

3. 10 名工人某天生产同一零件，生产的件数是 15，17，14，10，15，17，17，16，14，12. 设其平均数为 a，中位数为 b，众数为 c，则有(　　)。

A. $a>b>c$　　B. $c>b>a$　　C. $c>a>b$　　D. $b>c>a$

4. 对某商店一个月内每天的顾客人数进行统计，得到样本数据如下：12，15，20，22，23，23，31，32，34，34，38，39，45，45，45，47，47，48，48，49，50，50，51，51，54，57，59，61，67，68. 则该样本的中位数、众数、极差分别是(　　)。

A. 46，45，56　　B. 46，45，53　　C. 47，45，56　　D. 45，47，53

5. 1，3，5 的方差是(　　)。

A. $\frac{2}{3}$　　B. $\frac{3}{4}$　　C. 2　　D. $\frac{8}{3}$

6. 在第十三届女排世界杯赛中，中国女排以不败战绩夺得冠军，女排精神一直激励着全国人民在各行各业为祖国的腾飞而努力拼搏。在女排世界杯赛闭幕后，某收视调查机构对某社

表 3

分组	人数	频率
[0，4)	2	
[4，8)	3	
[8，12)	9	
[12，16)		0.2
[16，20]		0.1

7. 某市高三数学抽样考试中，对 90 分以上(含 90 分)的成绩进行统计，其频率直方图如图所示，若 130 ～140 分数段的人数为 90 人，则 90～100 分数段的人数为__________。

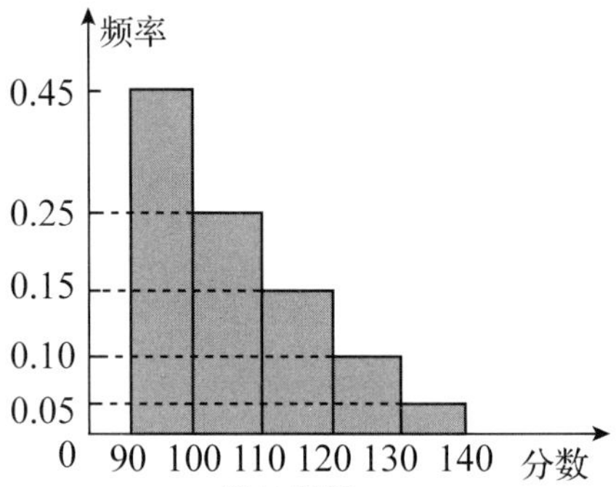

第 7 题图

8. 现有 10 个数，其平均数是 4，且这 10 个数的平方和是 200，那么这组数的标准差是________。

三、解答题(共 6 题，第 1～5 题每题 6 分，第 6 题 8 分，共 38 分)

1. 某大学社团调查了该校文学院 300 名学生每天诵读诗词的时间(所有学生诵读时间都在两小时内)，并按时间区间(单位：分)将学生分成 6 个组：[0，20)，[20，40)，[40，60)，[60，80)，[80，100)，[100，120]，经统计得到了如图所示的频率直方图。

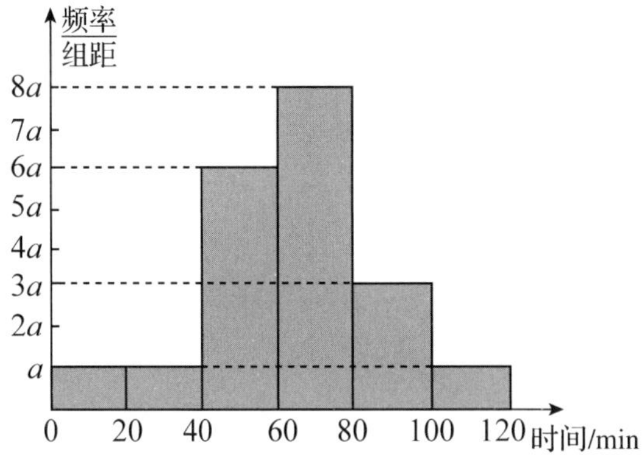

第 1 题图

求频率直方图中 a 的值，并估计该校文学院的学生每天诵读诗词的平均时间。

2. 世界杯期间各国球迷给主办方带来了一定的经济收入，当地某纪念品商店的营销部门为了统计世界杯期间的销售情况，随机抽查了该纪念品商店某天 200 名顾客的消费金额情况，得到的数据如表 4 所示。

表 4

消费金额/万币值	(0，1]	(1，2]	(2，3]	(3，4]	(4，5]	(5，6]	合计
顾客数/名	9	31	36	44	62	18	200

将消费金额超过 4 万币值的顾客定义为“足球迷”，消费金额不超过 4 万币值的顾客定义为“非足球迷”. 根据题目所给信息，估计这 200 名顾客消费金额的中位数与平均数。

3. 近年来，我国电子商务行业迎来了蓬勃发展的新机遇，但是电子商务行业由于缺乏监管，服务质量有待提高。某部门为了对本地的电商进行有效监管，调查了甲、乙两家电商的某种同类产品连续十天的销售额(单位：万元)，甲：105，107，113，115，119，126，128，132，134，141；乙：107，115，117，118，123，125，132，136，139，148，

(1)求甲连续 10 天销售额的中位数。

(2)判断甲、乙两家电商谁对这种产品的销售更稳定?

6. 某厂研制了一种生产高精产品的设备，为检验新设备生产产品的某项指标有无提高，用一台旧设备和一台新设备各生产了 10 件产品，得到各件产品该项指标数据如表 6 所示。

表 6

旧设备	9. 8	10. 3	10. 0	10. 2	9. 9	9. 8	10. 0	10. 1	10. 2	9. 7
新设备	10. 1	10. 4	10. 1	10. 0	10. 1	10. 3	10. 6	10. 5	10. 4	10. 5

旧设备和新设备生产产品的该项指标的样本平均数分别记为 $\overline{x}$ 和 $\overline{y}$，样本方差分别记为 s_1^2 和 s_2^2。求：(1)$\overline{x}$，$\overline{y}$；(2)s_1^2，s_2^2。

第 10 单元检测卷(水平二)

班级________姓名________座号________

(45 分钟，满分 100 分)

一、选择题(共 10 题，每题 3 分，共 30 分)

1. 下列结论正确的是(　　)。

①函数关系是一种确定性关系；

②相关关系是一种非确定性关系；

③回归分析是对具有函数关系的两个变量进行统计分析的一种方法；

④回归分析是对具有相关关系的两个变量进行统计分析的一种常用方法。

A. ①②　　B. ①②③　　C. ①②④　　D. ①②③④

2. 为了研究某药品的疗效，选取若干名志愿者进行临床试验。所有志愿者的舒张压数据(单位：kPa)的分组区间为[12，13)，[13，14)，[14，15)，[15，16)，[16，17]，将其按从左到右的顺序分别编号为第一组，第二组，……，第五组。如图是根据试验数据制成的频率直方图。已知第一组与第二组共有 20 人，第三组中没有疗效的有 6 人，则第三组中有疗效的人数为(　　)。

A. 6　　B. 8　　C. 12　　D. 18

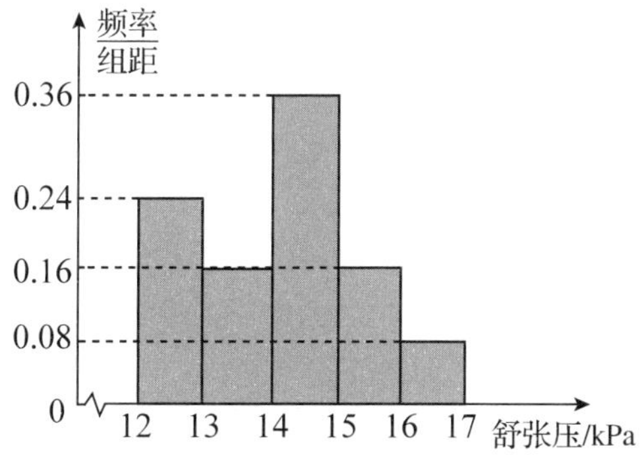

第 2 题图

3. 已知样本 9，10，11，x，y 的平均数是 10，方差是 2，则 $xy=$(　　)。

A. 98　　B. 88　　C. 76　　D. 96

4. 在某地区某高传染性病毒流行期间，为了建立指标来显示疫情已受控制，以便向该地区居民显示可以过正常生活，有公共卫生专家建议的指标是“连续 7 天每天新增感染人数不超

表 4

甲	0	1	0	2	2	0	3	1	2	4
乙	2	3	1	1	0	2	1	1	0	1

两台机床出次品较少的是________。

4. 某天 10 名工人生产同一种零件，生产的件数分别是 15，17，14，10，15，17，17，16，14，12，则这组数据的平均数为________。

5. 对于数据 7，8，8，10，12，中位数与平均数的大小关系为________。

6. 设有一个回归方程 $\hat{y}=2-1.5x$，当自变量 x 增加一个单位时，y 平均________1.5 个单位。

7. 如果数据 x_1，x_2，…，x_n 的平均数为 $\bar{x}$，方差为 8^2，则 $5x_1+2$，$5x_2+2$，…，$5x_n+2$ 的方差为________.

8. 某学生在第一学年的 5 次阶段性考试中，数学成绩依次为 110，114，121，119，126，则这组数据的方差是________。

三、解答题(共 6 题，其中第 5 题 8 分，其余每题 6 分，共 38 分)

1. 为了解中学生身高和性别之间的关系，现调查了某中学高三年级两个班共 120 名学生的身高(单位：cm)，男生和女生的身高数据如表 5 和表 6 所示(空白格表示没有相对应身高的男生或女生)。

表 5 身高单位：cm

人数 身高 性别	153	154	155	157	159	160	164	165	166	167	168	170	171	172
男									2	3		6	1	2
女	1	2	2	2	4	4	5	9	4		2	3	4	4

表 6 身高单位：cm

人数 身高 性别	173	174	175	176	177	178	179	180	181	183	184	185	188	193
男	6	1	7	2	2	7	4	2	2	4	3	3	2	1
女	2	2	4	1	1	1		3						

分别计算这120名学生身高的平均数、中位数和众数。

2. 某班级要从甲、乙两名学生中选一名参加数学竞赛，分别统计了甲、乙两人最近8次的数学考试成绩(满分100分)，甲最近8次的成绩分别为78，93，88，82，79，84，81，95；乙最近8次的成绩分别为75，90，80，83，85，92，80，95。

从统计学的角度考虑，你认为选哪名学生参加更合适？请说明理由。

6. 某区创建全国文明城市，指挥部办公室对所辖街道当月文明城市创建工作进行考评。工作人员在本区选取了甲、乙两个街道，并在这两个街道各随机抽取 10 个地点进行现场测评，表 8 是两个街道的测评分数(满分 100 分)。

表 8

甲	75	79	82	84	86	87	90	91	93	98
乙	73	81	81	83	87	88	95	96	97	99

求：(1)甲、乙两个街道的测评分数的极差；

(2)甲、乙两个街道的测评分数的平均数。

期末检测卷(水平一)

班级________姓名________座号________

(45 分钟，满分 100 分)

一、选择题(共 10 题，每题 3 分，共 30 分)

1\. 复数 $1+\frac{2}{i^2}=$(　　)。

A. $1+2i$　　B. $1-2i$　　C. -1　　D. 3

2\. 已知 i 为虚数单位，那么下列 n 的取值中能使 $i^n=1$ 成立的是(　　)。

A. 3　　B. 4　　C. 5　　D. 6

3\. 已知复数 $z=\frac{1}{1+i}$，则该复数的共轭复数的虚部为(　　)。

A. -1　　B. 1　　C. $-\frac{1}{2}$　　D. $\frac{1}{2}$

4\. 为了方便广大市民接种新冠疫苗，提高新冠疫苗接种率，某区卫健委在城区设立了 11 个接种点，在乡镇设立了 19 个接种点，某市民为了在同一接种点顺利完成疫苗接种，则不同接种点的选法共有(　　)种。

A. 11　　B. 19　　C. 30　　D. 209

5\. 体育场南侧有 4 个大门，北侧有 3 个大门，某学生到该体育场跑步，则他进出门的方案有(　　)种。

A. 14　　B. 7　　C. 24　　D. 49

6\. 2022 年北京冬奥会期间，需从 5 名志愿者中选 3 名去为速度滑冰、花样滑冰、冰球三个竞赛项目服务，每个项目必须有志愿者参加且每名志愿者只服务一个项目，不同的安排方法总数为(　　)。

A. 10　　B. 27　　C. 36　　D. 60

7\. 已知二项式 $\left(x-\frac{1}{x}\right)^n$ 展开式的二项式系数和为 64，则展开式中的常数项为(　　)。

A. -120　　B. -20　　C. 15　　D. 20

4. 已知甲罐中有 4 个相同的小球，标号分别为 1，2，3，4；乙罐中有 6 个相同的小球，标号分别为 1，2，3，4，5，6。先从甲罐、乙罐中分别随机抽取 1 个小球，记事件 A＝“抽取的两个小球标号之和为偶数”，事件 B＝“抽取的两个小球标号之和大于 7”，求事件 $A\cap B$ 发生的概率。

5. 某学习小组有 3 个男生和 4 个女生共 7 人，将此 7 人排成一排，男女彼此相间的排法共有多少种？

6. 班上每个小组有 12 名学生，现要从每个小组选 4 名学生组成小组代表队，与其他小组开展辩论赛。

(1)每个小组的代表队有多少种选法？

(2)如果每个代表队还必须指定一名组长，那么每个小组的代表队有多少种选法？

(3)如果每个代表队还要分别指定第一、第二、第三、第四辩手，那么每个小组的代表队有多少种选法？

期末检测卷（水平二）

班级________姓名________座号________

（45 分钟，满分 100 分）

一、选择题（共 10 题，每题 3 分，共 30 分）

1. $\frac{|3-4i|}{3+4i}=$（　　）。

A. $\frac{3}{5}-\frac{4}{5}i$　　B. $\frac{3}{5}+\frac{4}{5}i$　　C. $\frac{4}{5}-\frac{3}{5}i$　　D. $\frac{4}{5}+\frac{3}{5}i$

2. 复数 $z=\frac{2+i}{1-i}$，i 是虚数单位，则下列结论正确的是（　　）。

A. $|z|=5$　　B. z 的共轭复数为 $\frac{3}{2}+\frac{1}{2}i$

C. z 的实部与虚部之和为 1　　D. z 在平面内的对应点位于第一象限

3. 某班有男生 13 人，女生 17 人，从中选一名学生为数学课代表，则不同的选法共有（　　）种。

A. 30　　B. 17　　C. 221　　D. 13

4. 某省高考采用“3＋1＋2”模式，“3”为全国统考科目语文、数学、英语，所有学生必考；“1”为首选科目，必须在物理、历史中选择 1 个科目；“2”为再选科目，考生可在思想政治、地理、化学、生物学 4 个科目中选择 2 个科目。已知小明同学必选化学，那么他可选择的方案有（　　）种。

A. 4　　B. 6　　C. 8　　D. 12

5. $A_4^2-C_5^3=$（　　）。

A. 2　　B. 22　　C. 12　　D. 10

6. 甲、乙、丙三个口袋内分别装有 2 个红球、3 个白球、3 个黑球，从口袋中选出 2 个不同颜色的小球，有（　　）种取法。

A. 8　　B. 18　　C. 21　　D. 28

7. 已知 $\left(x-\frac{2}{x^2}\right)^n$ 的展开式中第 2 项和第 6 项的二项式系数相等，则 $n=$（　　）。

A. 6　　B. 7　　C. 8　　D. 9

4. 一家商场在举办抽奖活动，在抽奖箱中一共有 10 张奖券，其中有 4 张“中奖”奖券，甲、乙两人先后参加抽奖活动，每人不放回地从中抽取一张奖券，甲先抽，乙后抽，求在甲中奖的条件下，乙没有中奖的概率。

5. 某学习小组有 3 名男生和 4 名女生共 7 人，从中选出 2 名男生和 2 名女生分别承担 4 种不同的任务，有多少种选派方法？

6. 从 5 名男生和 4 名女生中选出 4 人去参加数学竞赛。

(1)如果选出的 4 人中男生、女生各 2 人，那么有多少种选法？

(2)如果男生中的小王和女生中的小红至少有 1 人入选，那么有多少种选法？

(3)如果被选出的 4 人是甲、乙、丙、丁，将这 4 人派往 2 个考点，每个考点至少 1 人，那么有多少种派送方法？